高铁钢轨健康监测理论与应用

岳国栋　著

中国矿业大学出版社
· 徐州 ·

内 容 简 介

本书主要论述了高铁钢轨健康监测中若干工程问题的解决方案。全书共分7章，第1章介绍了高铁钢轨健康监测中若干问题的研究现状，第2章介绍钢轨监测系统软件平台的设计及实现，第3章研发出负载自适应网络服务器算法，第4章研发出一种基于贝叶斯理论的小波包降噪算法，第5章推导出一种基于欧拉梁假设的轴向力与加速度频域间关系解析表达式，第6章介绍了基于超声导波的钢轨损伤监测理论，第7章基于小波能谱理论分析轮轨交互作用下轨道振动特征。

本书可供从事轨道线路维护作业技术人员阅读，也可作为高等院校智能运维方向研究生、本科生的参考书。

图书在版编目(CIP)数据

高铁钢轨健康监测理论与应用 / 岳国栋著. — 徐州：中国矿业大学出版社，2022.7

ISBN 978-7-5646-5420-7

Ⅰ. ①高…　Ⅱ. ①岳…　Ⅲ. ①高速铁路—钢轨—监测　Ⅳ. ①U213.4

中国版本图书馆CIP数据核字(2022)第098247号

书　　名　高铁钢轨健康监测理论与应用
著　　者　岳国栋
责任编辑　章　毅
出版发行　中国矿业大学出版社有限责任公司
(江苏省徐州市解放南路　邮编221008)
营销热线　(0516)83884103　83885105
出版服务　(0516)83995789　83884920
网　　址　http://www.cumtp.com　**E-mail**:cumtpvip@cumtp.com
印　　刷　江苏淮阴新华印务有限公司
开　　本　787 mm×1092 mm　1/16　**印张** 10.25　**字数** 198 千字
版次印次　2022年7月第1版　2022年7月第1次印刷
定　　价　46.00元

作者简介

岳国栋，沈阳建筑大学副教授，硕士研究生导师，中国转子动力学学会理事，辽宁省振动工程学会理事。主要研究方向为机械装备智能运维。主持/参与国家自然科学基金项目、辽宁省自然科学基金项目等 10 余项，承担企业项目 3 项。发表 SCI/EI 检索论文 20 余篇，授权发明专利 2 项、软件著作权 4 项。

前　言

截至2021年年底我国高铁营运里程已达4万公里，已由大规模“设计建造”阶段转入长期“运营维护”阶段。高速铁路钢轨的健康状态是保证列车运行舒适性和稳定性的关键因素。列车行驶速度、载重和运输密度的提高，使得轮轨动力学作用增强、冲击频率提高，增大了钢轨损伤概率。此外，钢轨被轨枕牢牢固定住，是一个强方向性的超静定结构，又常年布设在野外恶劣环境，热胀冷缩造成内部应力增加，也易造成断轨或跑道。为此，对于钢轨的主动监测是钢轨“运营维护”中亟须解决的问题。

利用钢轨振动来评估钢轨安全状态，是铁路线路维护的一种重要手段。振动监测具有长期性、无人为误差、便捷性等优点，具有良好的应用前景。但是与目前成熟使用的钢轨静态检查和动态检测技术相比，铁路钢轨振动监测及特征识别研究尚处于起步阶段。本书以建立钢轨振动监测理论为目的，围绕监测系统搭建、数据降噪、轴向力测量、弹性波监测、钢轨振动特征识别等典型问题进行了系统理论分析与应用研究。

本书构建了钢轨监测系统平台，实现了能够协调异构网络用于数据转发的网关，利用关系型数据库构建数据存储和管理模式，设计和开发了交互操作数据流的客户端浏览器。系统在某高速铁路上稳定运行近8年，经受住了多种考验，获取了大量丰富的钢轨信息。

小波分解层级的合理选取是实现小波降噪理论程序化的一个难点。借助鞘度与偏度概念，本书设计了一种新的指标，可用于选取合理的解压缩层级，能够使得真实值和噪声差别最大。仿真与实验显示降噪数据保留了可解释的时域特征，在弱信息识别方面显示出良好的降噪性能。

锁定轨温是判定钢轨安全状态的关键指标。铁路工务部门会依据该指标定期释放钢轨内部应力。若应力聚集得不到释放，钢轨会断轨或跑道，造成列车运营事故。本书把钢轨-扣件作为一个耦合系统，建立了含有扣件的离散支撑钢轨动力学模型，钢轨简化为欧拉梁，推导出任意一点的振动频域解析表达式，可用于测量钢轨轴向力。理论研究了钢轨固有频率与轴向力、扣件间距、松扣件数量间的关系。

以复 Morlet 为母小波分析钢轨振动实测数据，研究了轨道结构和行车速度对钢轨振动特征的影响，揭示了低频区、中频区、高频区中频率和能量随位置和激励改变的时变规律，发现在中频区域内存在与行驶速度呈线性关系的明显频移现象。

本书内容为作者及所在研究团队多年来对高铁钢轨健康监测研究工作的部分总结。由于高铁承载基础结构非常复杂，技术积累时间较短，仍需探索机理性问题，如环境与高速列车动荷载耦合作用下，高速铁路基础结构部件损伤与性能劣化及其控制的问题。作者希望本书的出版能够为致力于高铁钢轨健康监测领域研究的学者们提供一些参考，为国家高铁运营维护体系标准的建立贡献绵薄之力。

作者在完成本书涉及的研究中，得到了“十二五”国家科技支撑计划子课题“分布式钢轨应力监测技术及其无线传感网系统研发”(2011BAG05B02-02/03)，国家自然科学基金项目“基于非参数化模型的高铁钢轨振动系统实时识别研究”(51705340)与辽宁省自然科学基金项目“基于大数据分析的高速铁路钢轨实时在线监测研究”(20170540745)的大力支持与资助。

在本书涉及的研究过程中，沈阳建筑大学、大连理工大学和沈阳铁路信号有限公司参与了研究工作，作者在此对帮助过本书研究的所有人员表示感谢。由于作者水平有限，书中难免有疏漏和不足之处，烦请各位读者批评指正。

著　者

2022 年 5 月于沈阳

目　录

1 绪 论

1.1 高铁钢轨健康监测的研究背景与意义

随着我国大幅提高列车行驶速度、载重和运输密度，机车车辆和钢轨间的动力学作用力增强、冲击频率提高，影响钢轨安全的因素也越发复杂。轮轨交互作用是铁路运输的本质特征[1]，列车行驶速度的提高和载重的增大，使得轮轨交互作用增强，影响运行稳定性和乘坐舒适性；运输密度的提高，会使得轮轨交互作用频繁，促使钢轨表面接触疲劳[2]。至2019年年底，中国高速铁路营业总里程达3.5万km，且多采用无缝线路，列车行驶速度达250 km/h以上。无缝线路的长度一般为2～3 km，甚至更长，如沪宁线使用的无缝钢轨长达303 km[3]。这些钢轨被固定在道床上，不能主动释放由于温度变化产生的温度应力，在温差较大的地方，可能会出现钢轨胀轨或断轨[4]。此外，轮轨冲击力的峰值范围为100 kN到750 kN，与钢轨的温度应力共同作用可以使得线路越过临界状态，直接从稳态进入非稳态[5-7]。因此，对钢轨的主动性监测具有重要的意义。

在轮轨交互振动监测方面，主要采用测力轮对法和测力钢轨法两种方法。测力轮对法是将传感器安装在车轮上，通过测量车轮辐板有限点的应变对轮轨交互程度进行连续检测。如图1-1所示，受成本和工艺所限，测力轮对法一般仅限于专业车辆上使用，难以对运营状态钢轨进行全天候监测[8]。测力钢轨法是将应变片等传感器安装在钢轨上，当车辆通过测力钢轨时，通过检测钢轨变形间接获得轮轨力。例如2011年，西南交通大学牵引动力国家重点实验室通过测力钢轨法测试大秦线重载列车与钢轨的交互力，用于评估及预警钢轨状态[9]。但将普通钢轨更换为测力钢轨工作量较大，难以对任意钢轨受冲击状态进行测试。其他测量钢轨状态的方法还有观测桩法、超声波测量法、声音放射法、X射线测量法、巴克豪森效应测量法、磁弹性法、引伸仪法、应力尺法、标定轨长法、应变电测法、偏向加载法等[6-7,10-12]。这些方法可以归结为静态检查和动态检测两种方式，它们采集数据多需要人工汇集和现场作业，受维护/维修时间窗所限，也难以用于大范围、全天候的轮轨交互检测。

图 1-1　高速综合检测列车

钢轨振动监测涉及传感技术、网络通信技术和智能算法等多学科交叉研究[13-14]。目的是实现长时间、实时地获取钢轨状态数据，利用智能算法检测、定位和定量结构损伤，通知维护人员采取有效的维修措施，及时识别结构潜在的损伤，降低结构维护成本[14-15]。如图 1-2 所示，完整的铁路钢轨监测系统由数据采集模块、数据传输模块、数据存储与管理模块、数据处理与评估模块及运行状态监测模块 5 个模块组成[16-18]。

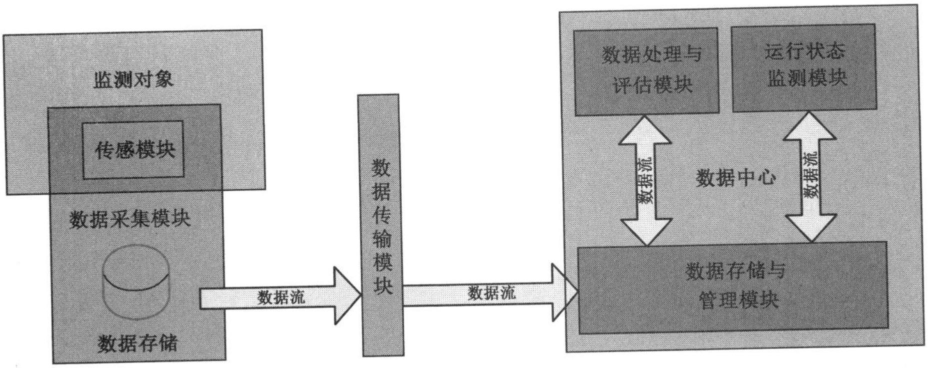

图 1-2　铁路钢轨监测数据流图

无线传感器网络（wireless sensor network，WSN）技术的出现，使得钢轨监测设备可以摆脱环境限制，能够布设在野外、高低温等恶劣环境处[19-22]。鉴于振动监测的诸多优点，科研人员已开展钢轨安全监测应用研究。2013 年，G.M.Shafiullah 等[23]提出了适用于小数据量传输的铁路通信网络协议 E-BMA，可用于钢轨温度监测。K.Pylkkänen 等[24]按照不同气候区域选取轨道测点，利用温度传感器、线性位移传感器和湿度传感器测量冻结深度和轨道结构的冻胀，通过 WSN 收集数据，进而实现包含不同环境的冻胀建模分析。

然而，目前应用交通领域的无线监测系统传感器采集间隔均较长，监测范围有限，处理数据量较少，鲜见规模化的 WSN 应用[25-26]。而对于铁路钢轨的监测，由于监测线路长、所处环境恶劣、外界激励变化较大、钢轨振动受多物理量耦合影响等特点，使得设备布点多、网速波动大、采集密集、噪声干扰项多和振动特征提取复杂[27-28]。为能够工程化、规模化监测钢轨安全，需要建立适用于钢轨振动监测的理论与方法体系。

1.2 高铁钢轨健康监测相关技术研究进展

1.2.1 机械振动信号降噪研究进展

1.2.1.1 两种“相向而行”的降噪策略

目前，有两种降噪数据的策略。一种策略是把噪声转化成损伤特征，进而放大弱信息信号，如随机响应法(stochastic resonance，SR)[29-30]。这方面研究主要集中在过阻尼单稳态或双稳态 SR 上。M.Evstigneev 等[31]探索把 SR 用在一个由谐波力和白噪声驱动的过阻尼单稳态系统。H.Calisto 等[32]研究在过阻尼单稳态振荡器中如何使用 SR。E.Heinsalu 等[33]研究了具有双约束势的过阻尼双稳态 SR 系统与约束条件间的关系，有助于为弱特征检测建立更好的双稳系统。R.K.Jha 等[34]提出了一种基于过阻尼双稳态 SR 技术，用于从篡改的水印图像中稳健地提取灰度徽标。但是，一次转化仅能判断一种损伤特征。若想评估一个结构的状态，需要逐次转化判断结构是否呈现某种特征，这就需要消耗大量时间。另一种策略是把噪声从采样数据中移出。这种思路更容易理解，需要较小的工作量，有基于小波[35]、经验模态分解[36]、主分量分析[37]、局部均值分解[38]等降噪方法。

1.2.1.2 贝叶斯小波包降噪方法研究现状

贝叶斯小波包降噪方法从消除噪声角度出发处理采集信号。由于考虑到先验信息使得降噪更为精准，因此是目前研究热点之一。它的思路来自最大似然估计(maximum likelihood estimation，MLE)，并利用到了小波包变换能够“无限地”细分数据的特性。它主要由三方面组成，包括先验信息、小波分解层级和降噪评估。

(1) 先验信息

当前,相关研究大部分聚焦在小波系数先验分布的构建上。过去几十年,小波阈值降噪一直是简单且功能强大的降噪方法。阈值降噪细分为硬阈值法和软阈值法,指把小于某个阈值的小波系数设定为零,并按照一定规则处理大于阈值的系数。因此,降噪问题可转化成寻找合适阈值问题。该方法通常把噪声假定为高斯分布,把真实信号依据特征假定为一些典型分布,如 Laplace 分布[39],高斯-马尔科夫随机场模型[40]等。采集信号在进行小波分解后,在尺度间信号的小波系数概率分布会发生改变。通常会采用两种方法解决这个问题:一种是在所有尺度中均使用同一个模型,这会降低降噪的精度;另一种是调整参数逐层拟合小波系数的概率分布。然而,小波系数间也有相关性,如稀疏性和传播性。为了模拟这些特性,研究人员采用高斯模型,能够容易地捕捉到小波系数间的自相关性[41-42]。但是,这种模型不能模拟小波系数的重尾分布、稀疏性和压缩性。为此,M.S.Crouse 等[43]推荐使用基于小波的隐马尔科夫模型来捕捉伴有非高斯分布的系数间的依赖性。此外,还有其他一些具有明确数学表达的分布形式,如 Besov 分布[44]、广义高斯分布(generalized Gaussian distributions)[45]、Bernoulli-Gaussian 分布[46]、混合分布[47]、Spike-slab 分布[48]等。这些研究的目的是保留详细的内部信息并尽量降低计算的复杂度。

(2) 小波分解层级

极少部分研究人员关注小波分解层级选择。起初,多数研究人员采用试错方法选择小波分解层级[49],这就需要研究人员拥有丰富的经验。选择过程也需要人的参与,无法实现程序化。而且,同种工况下的数据需要的最优分解层级都有可能不同,如果没有明确的量化指标,随意性影响将会加大,会造成降噪结果的不精确。X.M.Jiang 等[50]采用 ACF 方法获取合理的小波分解层级。当小波系数的自相关趋势和时域信号的自相关趋势一致时,即认为这时的解压缩层级可以提供精确的降噪效果。但是,如果采集信号受噪声干扰严重,会严重干扰自相关分析结果。Y. F. Sang 等[51]提出小波能量熵方法选择小波分解层级,需要计算每层能量和所有层级能量的比值,使得计算工作量非常大。此外,由于采集信号数据特征不同,受噪声影响程度不同,自动化选择解压缩层级始终是一个难题。

(3) 降噪评估

大部分文献以数据驱动的方式判断降噪效果。例如,R.Movchan 等[52]通过比较几种不同方法(LASS、BM3D)的峰值信噪比来突显推荐方法的优势。S.Kumar 等[53]从百分比均方差、改进的 SNR 和均方差等角度比较方法间的差异,得出建议方法比传统滤波、自适应滤波、小波软阈值去噪、非局部均值、经验模态分解等方法更能剔除噪声的结论。本质上，这些方法是从能量角度评价降噪效果。同时，有些研究人员也通过抽取数据特征来评估降噪效果[54-56]。如果降噪后能够保留数据的特征，也就说明降噪效果比较令人满意。

（4）存在的问题

前述在先验信息、小波解压缩层级和降噪评估上的研究，有如下三个劣势：① 如果研究信号伴有非高斯特征，上述研究提出的先验模型不能精确地描述信号；② 如果研究弱信息信号，噪声会严重地污染设备物理信息的表达，上述研究提出的小波解压缩层级选择方法就不能选取合理的压缩层级；③ 如果降噪信号不能满足数据分析的要求，那么降噪效果应是不合理的。就是说要从数据分析的角度评价降噪效果，例如，如果要从能量和振型角度分析损伤特征，就需要分析时域数据，降噪后的时域数据应该能够满足反映的物理现象可解释的要求。总之，到目前为止还没有合理的贝叶斯小波包降噪的准则可用于弱信息降噪，以便分析机械振动信号。

本书第 4 章利用小波变换逐层分解机械响应信号和高斯噪声，从概率角度分析了两种信号在各层级间的变化规律，提出了基于偏度和鞘度的层级选择指标，能够实现最优层级的选取，提高数据降噪效果[57]。

1.2.2 测量钢轨轴向力研究进展

目前，已经研究出多种有损技术和无损技术测量钢轨的轴向力。有损检测包括锯轨法、钻孔法[58]和横向加力法[59]等，这会对既有轨道结构的稳定性造成破坏。无损检测包括观测桩法、标定轨长法、巴克豪森法、X 射线法、超声导波法、应变法以及轨温测量法。观测桩法和标定轨长法受人为因素干扰较大，检测结果精度不高。巴克豪森法[60]、X 射线法[61-62]只能检测钢轨表层或浅表层范围内的温度力，不能反映整个钢轨截面的受力状态。超声导波法利用应力对导波传播速度的影响来测量应力，但是在钢轨中会激发出多个模态导波，每个模态导波速度不同，就会造成模态提取和测量困难，又因速度对应力变化不敏感，所以测量应力误差较大[63-64]。应变片法是在钢轨上粘贴应变传感器，通过应变-应力间关系测出钢轨轴向力，但是这只能测出轴向力的变化值而不能测出其绝对值[65-66]。轨温测量法通过测量钢轨当前温度和锁定温度间的差值，利用热膨胀系数计算出钢轨轴向力[67]。由于钢轨受到扣件等约束，轮轨作用力会使得钢轨蠕变进而常年积累轴向力，这使得锁定轨温发生改变。但是，轨温测量法假定锁定轨温不变，会使得钢轨当前温度与锁定轨温间的差值并不能准确推算出钢轨轴向力的绝对值，而且随着时间积累，差别会越来越大。

轴向力会影响钢轨的振动特性。轴向力研究方法分有限元仿真和理论研究两种。仿真方法建立钢轨有限元模型，考虑了钢轨、轨枕、垫片、地基等因素，研究轴向温度力影响下的钢轨振动特性[68-70]。研究表明:拉伸会增加钢轨的自振频率,压缩会降低钢轨的自振频率;轨枕间距越大,轴向力作用时越容易达到自振频率的极限值;钢轨的磨耗程度与自振频率之间呈现反比例关系,即磨耗越大,自振频率越小[71]。

理论研究把钢轨简化为欧拉梁或铁木辛柯梁进行分析[72]。由于支承结构提供的支撑弯矩对钢轨竖向振动特性的影响较小,在有些文献中会忽略支承结构的影响[73]。Y.Luo[74]把钢轨简化成轴向载荷作用下的无限长连续梁,研究了钢轨在自由振动时轴向力对振动模态和固有频率的影响。金寿延等[75]分析了不同温度力作用下钢轨的振动特性,并得到了温度力与钢轨共振特性之间的关系模型。其研究结果表明,在 0～1 800 Hz 频率变化范围内,钢轨主要存在两个振型:第一阶共振频率(约为 120 Hz)受轴向温度力的影响很小,但第二阶共振频率(约为 1 500 Hz)受轴向力的影响较大,并与轴向温度力之间呈现出线性关系;钢轨类型及轨间距会影响钢轨振动特性,轨间距越大,共振频率与温度力之间关系越明显。也有文献把钢轨看作一个无限长周期结构,基于波有限元方法建立含有轴向力的无限长周期性结构模型,研究了钢轨在自由振动时轴向力对波动模态的影响规律[76-77]。A.Aikawa 等[78-79]基于 Floquet 变换理论,分析了周期支承钢轨在轴向力作用下,各阶共振频率的变化情况。分析结果表明:钢轨横向振动第一阶 pinned-pinned 频率受其影响最大,达到了 7 Hz/MN。因而可以将其作为轴向温度力检测的评价指标。此外,A.Aikawa 还分析了轨枕非等间距布置对钢轨结构共振频率的影响。结果表明,轨枕非等间距布置对钢轨结构的共振频率影响较大,不可忽略,可通过有限元仿真来预测其统计学规律。

由于钢轨-扣件是一个系统,忽略扣件对钢轨的作用,仅研究钢轨的自由振动与实际工况不符。为此,本书第 5 章建立了基于欧拉梁的离散钢轨动力学模型,考虑到了轨枕对钢轨的支撑作用。首次获得频域中钢轨加速度数学表达式,研究了轴向力对钢轨-扣件系统固有频率的影响规律[80]。

1.2.3 超声导波钢轨无损检测研究进展

1.2.3.1 超声导波在钢轨检测中的应用

超声导波检测是一种新型的无损检测技术,超声波在传播介质的边界反射、折射,通过不断干涉、叠加形成超声导波。超声导波可以在几何截面较小、尺寸较长的介质中传播。与传统超声波检测技术相比,超声导波具有传播距离远、能量损失缓慢等优点[81],能够做到长距离检测,且无须像传统超声波检测那样逐点扫描检测[82]。此外导波在传播过程中钢轨整个横截面质点均发生振动,可以利用超声导波检测钢轨内部的缺陷[83-84]。

J.L.Rose 等[85]利用超声导波对钢轨的横向裂纹检测展开研究。采用堆叠压电陶瓷作为超声导波激励源，使用非接触式空气耦合电磁声换能器作为接收端进行实验研究。人工在钢轨轨头处切割不同深度的裂纹，向钢轨发出高频脉冲激励，通过检测缺陷回波分析缺陷的大小，图 1-3 为实验结果分析图。从图中可以看出实验激励出来的波包较多、噪声较大，当缺陷宽度较小、深度较浅时难以识别出缺陷回波，尤其是进行长距离检测时，由于缺陷回波发生衰减，检测工作难以开展。

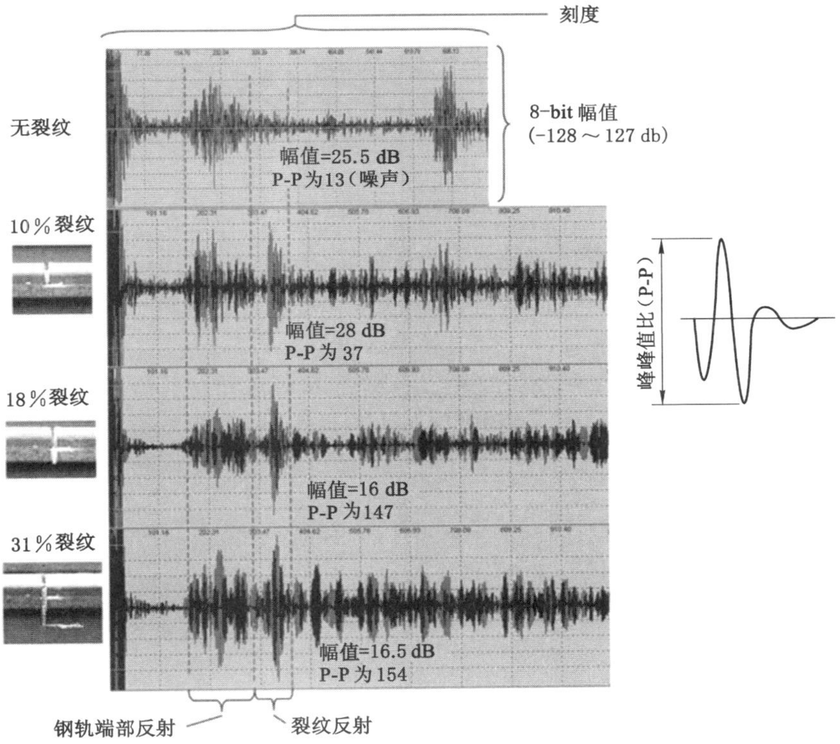

图 1-3 不同深度裂纹回波分析

P.Wilcox 等[86]研发了基于超声导波的 G-扫描仪器，该仪器能够定量检测铝热焊缝的缺陷，图 1-4 为仪器构造示意图及安装现场。该仪器能够实现 20 m 内铝热焊缝横向缺陷的检测，但使用时需要占用轨道线路，且没有发挥超声导波检测距离长、检测范围大的优势，仍有很大的提升空间。

朱力强等[87]通过分析钢轨中各模态的频率、振型等信息选取适当的激励频率和模态，并在钢轨轨腰处安装超声导波换能器，经铁路现场线路测试可实

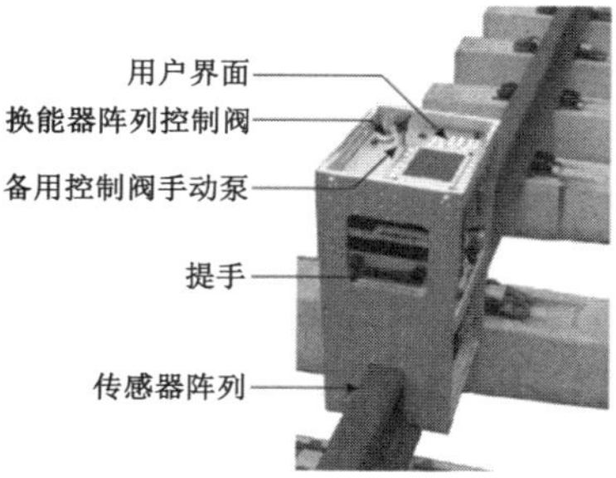

(a)

(b)

图 1-4 G-扫描仪器示意图

(a) 仪器构造;(b) 安装现场

现 2 km 内的无缝钢轨状态的在线检测。但并没有做损伤检测实验,能否实现对损伤的有效检测还需要进一步研究。

I.Bartoli 等[88]研究超声导波在无缝钢轨轴向应力检测中的应用。通过研究得知轴向应力对垂向模态导波的波速影响较明显,轴向拉应力导致垂向模态导波波速变快,利用此现象可以估计钢轨中存在的温度应力。

王嵘等[89]将相速度与群速度作为检测参数对无缝钢轨应力检测技术进行研究,研究发现当激励频率在 200 Hz 附近的低频区时,应选择群速度作为检测参数;当激励频率选择在 2 kHz 附近中频区或 20 kHz 高频区时,应选择相速度作为检测参数。

目前基于超声导波的钢轨无损检测方法仍然处于研究阶段,超声导波检测的难点在于导波的模态众多,且存在频散现象,这些现象均会影响损伤识别的精度[90-91]。所以对超声导波的传播特性研究显得尤为重要,通过研究各模态导波的传播特性,选择频散特性良好、传播能力强、对结构损伤敏感的导波模态进行检测。

1.2.3.2 钢轨中超声导波传播特性研究现状

超声导波在进行传播时有多模态的特性,每个模态对应波导介质质点位移的分布特点不同。不同激励位置、不同激励方式下出现的导波模态不同[92-93]。超声导波在传播时会发生频散现象,表现为导波群速度、相速度会随频率变化而变化[94-95]。这些现象均会影响检测结果,使用超声导波进行检测时需要对其传播特性进行研究[96]。因为超声导波由介质几何边界的反射波、折射波叠加形成,故超声导波的传播特性受介质的几何尺寸影响较大。在研究平板、圆杆、圆管等规则截面的导波传播特性时,通过求解频散方程即可获得不同导波模态的频散特性[97-98],如通过求解瑞利-兰姆方程即可得到自由边界条件下在平板中导波的波动解[99]。

钢轨等异形截面的导波频散特性无法通过解析法求得，近些年来计算机技术得到迅速发展，使用数值方法计算波导介质的频散曲线已得到广泛的应用。目前常用的数值求解方法有有限元法、半解析有限元法和边界元法等。

何存富等[100]利用振动解与波动解互化原理，以及有限元模态分析求得各模态的特征频率，通过分析不同特征频率对应的波数，得到各模态导波的频散曲线。同时能够得到各模态导波的波结构信息，进而可以针对不同损伤位置合理选择激励频率和导波模态。

卢超等[101]使用半解析有限元法对钢轨的频散曲线进行求解，将钢轨横截面离散，通过特征方程求解得到频散特性曲线及对应模态的波结构。半解析有限元法将三维模型降维成二维模型，提高了计算效率，尤其在高频范围的频散曲线求解中得到了广泛的应用。

门平等[102]采用二维傅里叶变换(two-dimensional discrete fourier transform, 2D-DFT)分析钢轨踏面表面波的频散特性，实验结果显示在钢轨踏面中轴线上存在 5 种对称传播模式的导波模态。并通过实验方法对自由状态 60 kg/m 标准轨的表面波进行模式识别。

上述学者大多使用单一方法对钢轨中导波模态进行研究，本书第 6 章以检测钢轨轨底位置为切入点，针对超声导波在钢轨中传播特性问题，使用模态分析法和二维傅里叶变换法进行研究。模态分析法能够形象地展示特定导波模态；二维傅里叶变换可以对实验数据进行统一分析，研究不同激励-接收方式下的导波模态。两种方式结合分析钢轨中导波的传播特性，指导如何布设传感器才能科学地监测钢轨损伤[103]。

1.2.4 基于轮轨交互动力学的钢轨振动研究进展

钢轨振动是由轮轨滚动接触时轮轨相对运动状态和相互作用力对钢轨的激励引起的。钢轨振动研究始终伴随着轮轨滚动接触理论的发展。H. Hertz[104]在 1882 年发表的论文首次提出 Hertz 接触理论。1926 年，F.W.Carter[105]将车轮抽象为弹性圆柱体，将铁路钢轨简化为弹性半空间，利用弹性半空间理论和 Hertz 理论求解了二维弹性体滚动接触问题，为三维弹性体滚动接触问题的求解提供了研究思路。1990 年，J.J.Kalker[106]详细研究了三维弹性体滚动接触摩擦问题，证明了解的存在性和唯一性，并研发出 CONTACT 计算软件，在轮轨蠕滑理论研究与计算方面做出了出色贡献。1996 年，Z.Y.Shen 等[107]根据 Kalker 思想提出一种用于求解非稳态轮轨力的计算模型，可用于研究轮轨波浪形磨耗对轮轨力的影响。但是，轮轨滚动接触理论对于轮轨滚动接触中的某些现象还不能解释清楚，如钢轨接触表面的剥离等问题。

钢轨振动的另一个主要研究方向是以钢轨物理模型为切入点，研究轮轨间的交互作用力对车辆或钢轨的影响。E.Winkler 在 1876 年首次提出连续弹性基础梁模型。1926 年，S.Timoshenko 首次利用这个理论研究了钢轨振动响应问题。一直到 1970 年，英国 Derby 铁路技术研究中心实验研究了对钢轨损坏起主要作用的轮轨间的相互作用力，并定义了高频冲击力 P_1 和中低频响应力 P_2，如图 1-5 所示。P_1 是机车车辆的簧下质量通过钢轨接头时产生的冲击力；P_2 是由 P_1 引起的簧下质量在钢轨弹性系统中振动产生的响应力[108]。同时，他们还建立了基本的轮轨动力作用模型，把钢轨模拟成连续弹性基础欧拉梁，轮轨接触为非线性 Hertz 接触，分析了车辆和轨道基本参数(如簧下质量、轨道刚度等)对轮轨动力作用的影响。1979 年，S.G.Newton 等[109]以考虑剪切变形的 Timoshenko 梁代替只考虑弯曲变形的欧拉梁，研究了车轮踏面擦伤对钢轨动力学特性的影响，理论计算的钢轨剪应变参数与现场实验符合较好。1982 年，R.A.Clark 等[110]采用弹性点支承连续梁模拟钢轨，并考虑轨枕振动影响，研究了钢轨波浪形磨耗对车轮的影响。20 世纪 90 年代，翟婉明[1]以车辆-轨道为整体研究对象，研究各种主要参数对轮轨动力学的耦合影响，建立了车辆-轨道耦合动力学模型。2009 年，朱剑月等[111]利用 Timoshenko 梁单元建立了轨道的有限元计算方法，考虑了钢轨、扣件等的动力学特性，能够进行无限长轨道的动态响应分析。

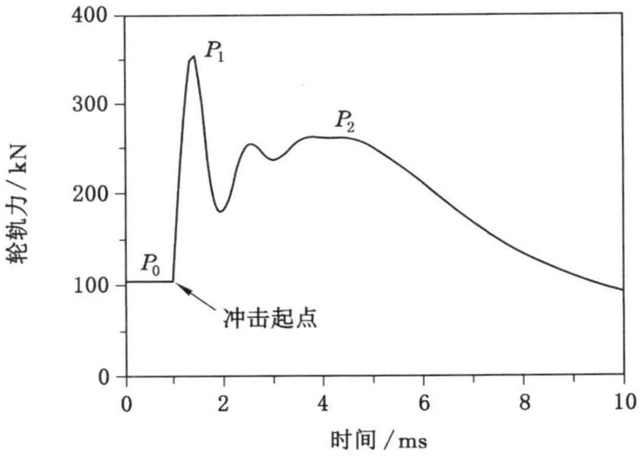

图 1-5　脉冲激扰下的轮轨垂向冲击力响应[108]

有限元法能够适应各种复杂形状，且计算精度高，有助于深入研究轮轨动力学响应问题。轮轨滚动接触使得轮轨接触面受压，车辆行驶速度和受压波长导致了轮轨动力学接触力。这种关系可以用点接触模型来模拟。如果轮轨在运动过程中始终保持接触，就可以使用 Hertz 接触理论计算接触力，如图 1-6所示。这种模拟方法使得计算时间域和频率域中的接触力成为可能[112-113]。

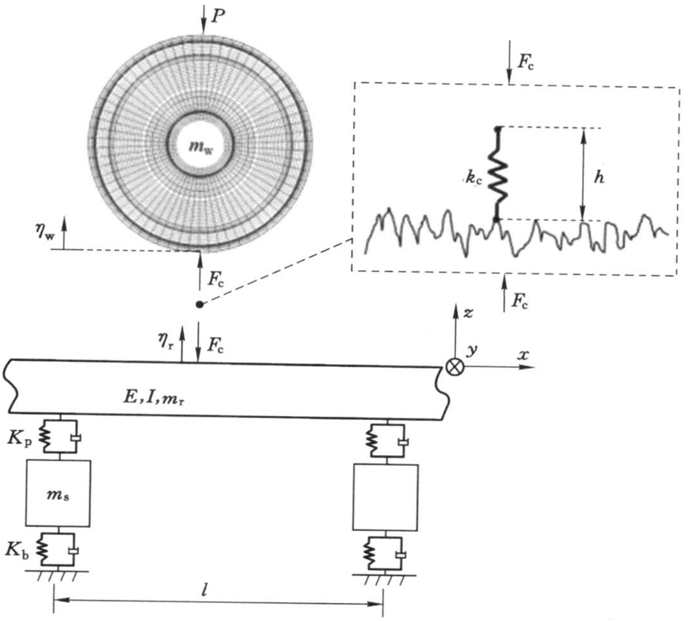

图 1-6 轮轨接触模型[114]

Hertz 刚度线性化的假定是基于三个方面的假设,前两种假设轮轨表面是光滑的,接触面积是椭圆形,第三个假设是沿着轮轨接触方向,每个位置需要一个属性值(如粗糙度)精确模拟接触[114]。如果任何因素影响到表面光滑度或致使接触面积成为非椭圆形,都会降低计算精度。轮轨接触面积大约是0.8～2.5 cm^2,并不是点接触,会使得接触激励比真实值低[115],需要使用接触滤波来纠正激励的过度估计。如果利用第三种假设来估计轮轨侧面粗糙度,也会造成计算误差。这是因为在三维轮轨接触中,沿侧向方向接触面高度的变化决定了激励的大小,即接触面高度变化快,则激励大;反之,若接触面高度变化慢,则激励小[116]。在 P.J.Remington[117] 的早期工作中,使用波数域的分析滤波器来解释接触面积大小和沿滚动方向平行粗糙度线的相关程度。后来,P.J.Remington 等[118]使用分布式点反应弹簧(distributed point reacting spring,DPRS)方法测量三维弹性模型轮轨接触面的粗糙度,得到了牵引力随时间变化的规律,改进了上述三种假设。D.J. Thompson 等[119-120]利用三维弹性模型研究了侧向振动对接触滤波器的影响和力矩的影响。但是,在上述研究中,在预处理粗糙度数据时,研究人员才会考虑接触滤波器的影响，而不是在动力学轮轨交互时进行接触滤波器影响研究。A.Pieringer 等[116]利用二维或三维的非线性 Hertz 接触模型来模拟接触滤波效应，二维模型基于 Winkler 基假设，三维模型采用弹性半空间近似轮轨接触，从而摆脱了上述点接触模型简化假设。A.Pieringer 等[121]和 J.N.Yang 等[122]使用三维弹性模型研究了车轮扁疤对轮轨交互的影响。P.Vila 等[123]和 R.Andersson 等[124]分别研究了轨头波纹磨损和滚动疲劳问题。

在研究轮轨交互力的基础上，研究人员尝试通过分析钢轨振动数据监测轮轨的安全状态。1997 年，A.Bracciali 等[125]利用能量和谱分析准则处理钢轨加速度信号，用于监测车轮踏面圆周磨耗和局部凹下等损伤。他们使用谱分析方法，可以从车轮众多损伤中分辨出局部凹下损伤。翟婉明[1]研究了脉冲型激扰、谐波型激扰、动力型不平顺和轨道随机不平顺四种轮轨激励所引起的车辆-轨道耦合振动响应，进行了详细的计算和分析，对车辆与轨道结构的耦合振动形态以及轮轨相互作用力特征有了一般规律性认识。这些研究者都把轮轨振动响应认为是非平稳随机振动。所以，使用时频谱代替功率谱能够揭示一些潜在的规律[126]。2006 年，V.Belotti 等[127]提出了一种使用小波包解压缩的车轮踏面监测方法。在道床上放置许多加速度传感器采集冲击信号，结果表明该方法能够监测不同行驶速度下的火车车轮踏面瑕疵。2013 年，B.Liang 等[126]展示了使用时频分析方法监测车轮踏面和钢轨表面瑕疵，并对多种时频分析方法的效果进行了比较，认为小波变换更适合提取时频域的信息。A.M.Remennikov 等[128]总结了由轮轨交互、车轮/轨道不平顺引起的典型动力学冲击响应，重在阐述典型冲击载荷的特性。这些冲击载荷起因不同，如钢轨波浪形磨耗和车轮踏面损伤等，但具有极高的峰值和极短的持续时间。大部分冲击峰值范围为 100～750 kN，并与行车速度紧密相关[2]。但是，到目前为止还没有专门对钢轨振动特征与道床结构、列车速度间的关系进行的分析[129-131]。

1.2.5 基于小波变换的振动监测技术研究进展

由于轮轨交互作用促使的钢轨振动是非平稳随机振动，使用时频分析能够揭示一些潜在的规律。传统的时频数据处理方法是在傅里叶变换基础上发展起来的，通常以全局观点处理信号时域或频域特性，适合处理平稳信号。而对于需要考虑时间信息的非平稳信号，傅里叶变换并不是好的处理方法。为此，具有信号局部分析能力的短时傅里叶变换得以发展。但是，当它的变换窗口确定后，并不能再次改变窗口形状以捕捉信号的局部特征。小波变换在时域和频域的良好分辨性能，使其成为研究钢轨振动的有力工具。

以傅里叶变换思想发展起来的小波分析理论，具有清晰的数学定义和完整

的数学理论，能够对信号的任意细节信息进行处理，被称为“数学显微镜”[132]。小波分析保留了数据的瞬时特性，并达到了高频处时间细分和低频处频率细分的目的，如图 1-7 所示。由于这些特性，研究人员已经把小波分析应用于振动监测领域[133-134]。

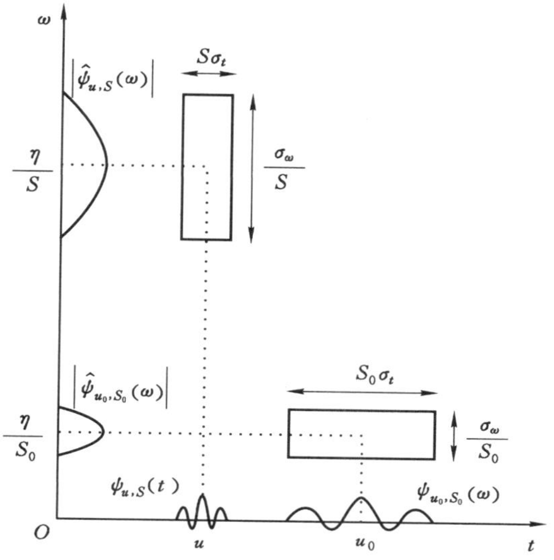

图 1-7 小波 $\psi_{u,S}(t)$和 $\psi_{u_0,S_0}(t)$的时频盒

（注：当尺度 S 减小时，时间支撑减少，而频率扩展增加并覆盖一个移向高频的时间间隔[132]）

在结构损伤识别中，损伤处的某些物理参数会发生非线性变化，导致刚度和固有频率等信息改变，进而影响结构的动力响应。1995 年，A.Sone 等[133]首次将小波分析运用到结构健康监测领域。他们利用累积延性比评估了建筑的累积损伤，发现累积延性比与小波分析结果中峰值数量有关。T.Kijewski 等[134]指出小波变换的时变特性能够改善传统的时域和频域系统识别方法，更深入地理解非线性和非稳态数据，并讨论了 morlet 小波多分辨率特性、中心频率选择等问题，强调了它们在系统模态分解中的作用。B.Basu[135]和 B.Chen 等[136]通过比较结构刚度降低前后的小波系数来预测结构损伤的发生及发生的位置。M.Makki Alamdari 等[137]于 2015 年研发了一种能够用于结构全局损伤监测的方法，首先对采集数据的频率响应函数进行正交化处理，然后对正交化后的信号进行二维小波变换，通过检测是否有奇异点出现来判断结构状态。2013 年，A.Katunin等[138]从含有损伤的空间几何非线性材料获取数据，分别运用连续小波变换、离散小波变换、静止小波变换和提升小波变换检测损伤，结果表明离散

小波变换比起其他类型小波变换更适合于损伤检测，并指出使用二维高阶B样条小波能够更好地保留损伤区域的特征。2011年，H. Young Noh等[139]介绍了三个基于小波的损伤敏感性特征，这些特征是小波能量的函数，通过它们的改变能够预测损伤的存在。2006年，H. Adeli等[140]研发了一种多范式的动力学模糊小波神经网络模型，结合可调整的LM-LS算法，能够很好地评估结构的动力学响应信息。

1.3 本书的主要内容

钢轨的振动状态能够反映钢轨结构的状况，对钢轨振动的实时、在线监测是钢轨主动性维护的重要手段。为了能够远程监测钢轨状态，对线路安全有实时的、整体的判断，本书针对监测系统平台的搭建、多链接下网络服务器自适应、弱信息下采集数据降噪、钢轨轴向力测量、超声导波监测钢轨损伤和轮轨交互下钢轨振动特征识别等问题开展研究工作。期望相关研究成果能够用于解决工程实际问题。

围绕上述目标，各章节主要内容如下：

第1章阐述了钢轨振动监测的研究背景和意义，论述了机械振动信号降噪、测量钢轨轴向力、超声导波无损监测和基于小波变换的振动监测技术四个方面的研究现状，总结了铁路钢轨振动监测研究中现存的问题。

第2章研发了钢轨监测系统软件平台，包括远程监控网关软件平台、客户端软件、数据存储与管理平台，并通过实验对整个系统的丢包率、吞吐量和延迟性三个指标进行了验证。

第3章设计了基于排队论的负载自适应服务器算法，研发出适用于钢轨监测的网络服务器，满足了设计时性能评估、运行时性能调整需求。

第4章研发了适用于非高斯信号的贝叶斯小波包降噪算法，提出了确定小波包解压缩层级的指标，分析了合理评估降噪效果的因素，在时域和频域分别与已成熟算法做对比分析。

第5章建立了含有扣件的离散支撑钢轨动力学模型，研究了钢轨固有频率与轴向力、扣件间距、松扣件数量间的关系。

第6章建立了利用超声导波识别钢轨损伤的理论与实验方法。以监测轨底损伤为例，利用半解析有限元方法计算出导波的频散、波结构特性，利用有限元仿真方法研究了在轨底位置处垂直激发导波的传播过程，实验证明方法的可行性。

第7章介绍了基于小波能谱的振动特征提取理论，通过分析振动数据的时频能量谱,可以获取振动能量、瞬时频率和持续时间三种特征信息。分析了轮轨交互作用下的钢轨振动特征。利用课题组在国家轨道测试中心搭建的钢轨受力监测无线传感网平台,采集了钢轨振动加速度信号。首先,分析了信号的时变特征,比较了硬阈值小波包法、软阈值小波包法和贝叶斯小波包方法在降噪效果上的区别。其次,使用小波能谱法分析了钢轨振动与轨道道床结构、列车行驶速度间的关系。最后,研究并识别了扣件松紧状态下的钢轨振动特征。

2 钢轨监测系统软件平台的设计及实现

2.1 引　言

围绕钢轨监测系统平台的开发问题，研发出协调3G和ZigBee通信两种异构网络用于数据转发的网关软件平台；基于关系型数据库，形成了采集数据与元数据相融合的存储与管理模式；开发了多源数据可视化与分析软件，最终建立完整的WSN上层信息处理平台，并在中等规模的实际WSN系统上得到应用，最后对数据吞吐量、丢失率等QoS系统关键指标进行了测试。

2.2 基于无线传感网的钢轨监测系统架构

本书建立的基于无线传感网的钢轨监测系统架构由三层组成，如图2-1所示：

(1) 数据采集层。由含有传感器和ZigBee通信模块的传感节点（简称节点）组成，四个节点组成一组放在单元盒内，可采集加速度、温度、动态应变和静态应变数据。由传感器采集数据，再由ZigBee通信模块将数据发送给网关，ZigBee通信模块也可接收网关下发的采集参数命令。

(2) 控制与通信层。该层由网关和网络服务器组成。每个网关管理10～20个节点，对接收的数据汇聚并解析，再将解析成功的命令帧和数据帧转换为Socket数据帧，并随后发送。汇聚到网关的数据通过3G网络转发给网络服务器。网络服务器根据信息包自带标识将其存储在服务器硬盘的特定位置。网络服务器的另一功能是向节点下发参数设置等控制命令。

(3) 数据存储与分析层。数据存储与分析层由数据库、数据分析机、Web Service服务器、客户端监测软件等组成。数据库以关系型数据库为基础，通过映射规则，采用元数据和本体库分离的形式管理大数据。数据分析机由各种算法组成，对从关系型数据库中获取的数据进行计算分析。Web Service服务器提供网络接口。客户端监测软件通过调用网络服务器(Web Service)接口访问数据,实现可视化。

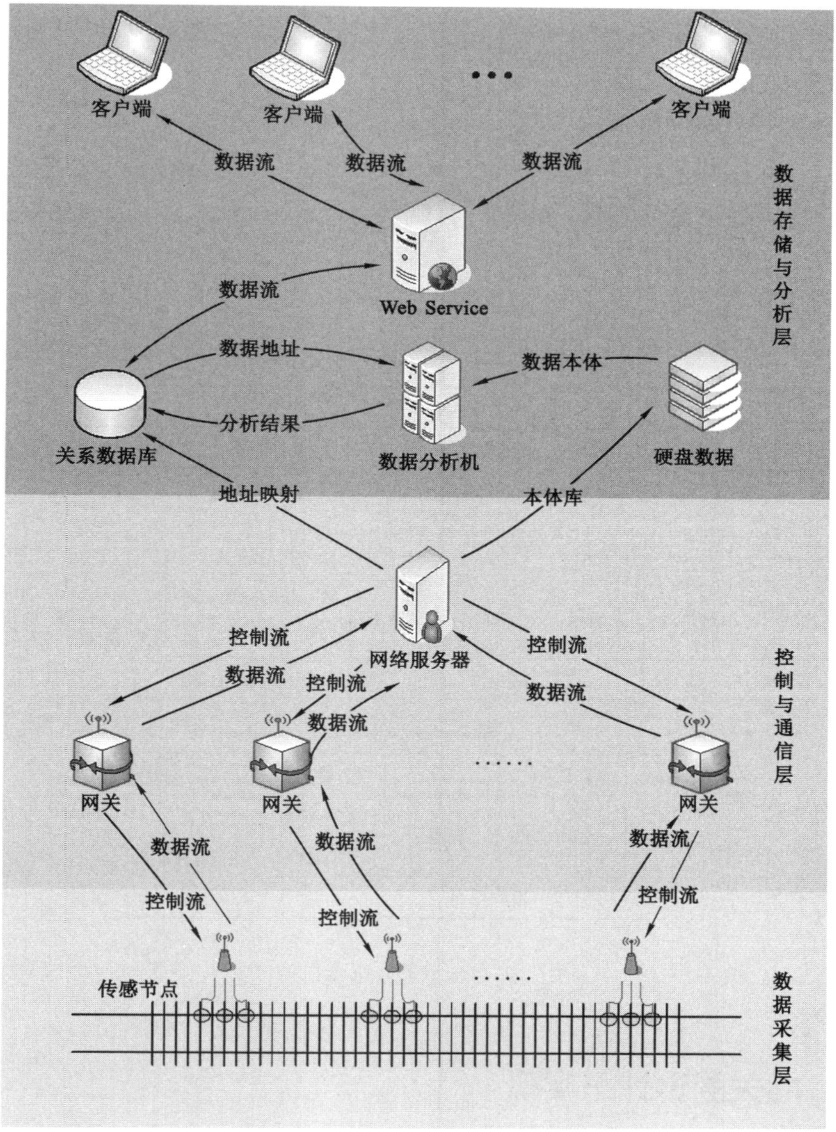

图 2-1　钢轨监测无线传感网的系统架构

2.3 通信协议的设计与实现

振动监测系统中，通信协议保证了各个设备间协作的顺畅性。网关和节点间通过 ZigBee 协议通信，网关和网络服务器间通过 TCP/IP 协议通信。尽管通信协议稍有不同，但是协议中的有效信息格式可以统一（图 2-2）。功能码标识这个数据帧的性质，网络地址标识这个数据帧来自哪个节点。若这帧数据是节点采集的钢轨数据，则数据信息中含有这次采集的总组包数（总包号）、数据在总包数中的位置（当前包号）、数据来源的通道信息（通道号）、开始采集时间及采样数据。若采样数据是第一包数据，还包含采样频率和采样时长信息。

1 Byte	2 Byte	1 Byte	8 Byte	2 Byte	1 Byte	*N* Byte	1 Byte
起始符	帧长	功能码	目标地址	网络地址	帧标识符	数据信息	检验位

第一包数据信息

2 Byte	2 Byte	1 Byte	1 Byte	1 Byte	3 Byte	(*N*-10) Byte
总包号	当前包号	通道号	采样频率	采样时长	开始采集（时分秒）	采样数据
采样信息						

非第一包数据信息

2 Byte	2 Byte	1 Byte	3 Byte	(*N*-8) Byte
总包号	当前包号	通道号	开始采集（时分秒）	采样数据
采样信息				

图 2-2　振动监测系统通信协议

2.4 网关的设计与实现

2.4.1 网关软件架构

网关在传输系统中起着上传下达的作用，通过 ZigBee 模块与节点通信，利用 3G 网络与网络服务器通信。这就需要网关具有协调两种异构网络的能力，其中包括两种通信协议的转换能力。网络通信类 Socket 和串口数据处理模块分别接收数据后，将数据放进各自队列。协议管理类获取队列的数据，经过校验、剔除冗余、协议转换等处理环节，把数据放进各自队列中。最后，由串口数据处理模块和 Socket 读取队列数据，分别发送到节点和网络服务器。具体数据流程如图 2-3 所示。

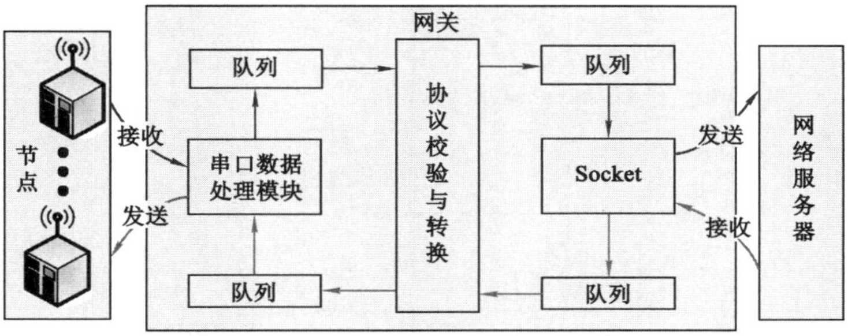

图 2-3　远程监控网关软件架构

2.4.2　网关数据传输机制

网关与节点间传输数据丢失是工业现场无线传感网的常见现象。为保证数据完整性，需要在通信协议中添加数据补包机制，如图 2-4 所示。补包机制共分接收数据过程和判断补包过程，由“数据传输完毕信息”把两个过程连接起来。为不影响节点和网关间的传输，总是在采集数据完全传输完毕后，再进行补包过程。整个过程中有一个关键数组 PacketFlag[]，与节点号、通道号对应，按照字节逐位标识是否接收到对应包数据，若接收到数据包，标识为“1”，反之，标识为“0”。接收一次采样数据的具体流程为：

(1) 接收信息。

(2) 通过功能码判断这帧数据是采集“数据包”信息还是“数据传输完毕信息”。若是数据包信息，进入步骤(3)；若是数据采集完毕信息，进入步骤(5)。

(3) 若是数据包，判断是否有与节点号、通道号对应的 PacketFlag[]。若无 PacketFlag[]，则创建，把相应位置标为 1；若有 PacketFlag[]，直接把相应位置标为 1。

(4) 重复步骤(1)～(3)。

(5) 逐位检查 PacketFlag[]，判断是否丢包。若有丢包，进入步骤(6)；若无

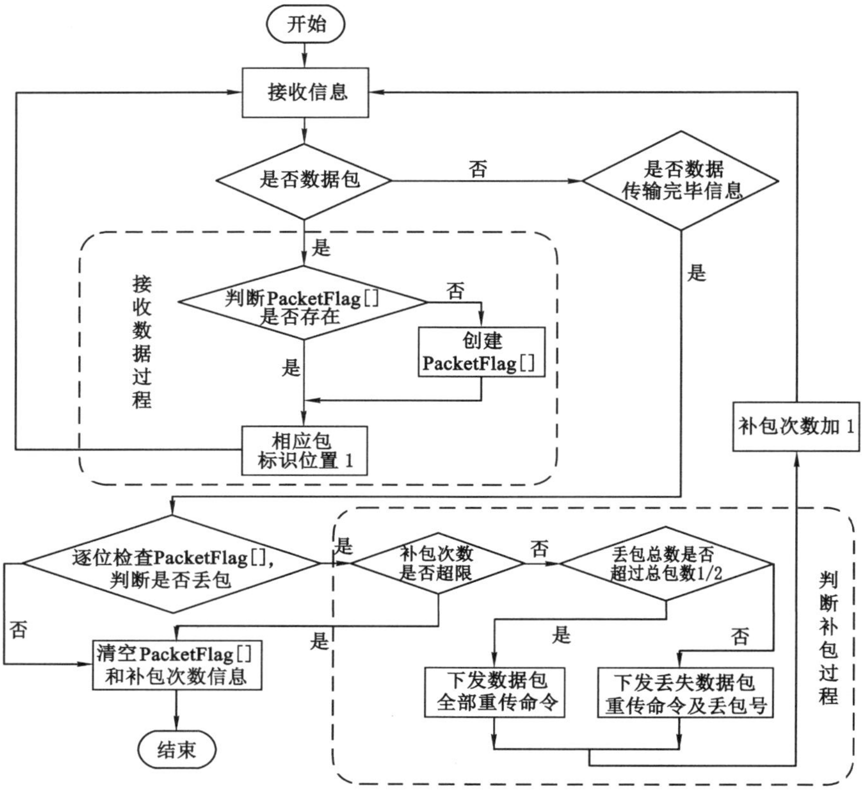

图 2-4　网关中采样数据接收流程图

丢包，进入步骤(10)。

(6) 判断补包次数是否超限。若不超限，进入步骤(7)；若有超限，进入步骤(10)。

(7) 判断丢包数占总包数比。若大于 1/2，则下发数据包全部重传命令；若不大于 1/2，则下发丢失数据包重传命令及丢包号。

(8) 该节点通道的补包次数加 1。

(9) 重复步骤(1)～(8)。

(10) 采样数据传输结束，清空 PacketFlag[]和补包次数信息。

(11) 采样数据接收完毕。

2.5 数据存储和管理

2.5.1 数据存储和管理模式

本书基于关系数据库技术，构建了数据存储和管理模式，见图 2-5。客户端软件可以通过网络服务器(Web Service)接口访问对外开放的端口。这些端口按照不同功能可以分为三类：元数据发生器(metadata generator)、通用经验分析器(common experience analyzer)和数据定制引擎(data customization engine)。元数据发生器能产生元数据用来满足高级的需求，诸如复杂查询，产生大数据概要和处理数据集缺陷等。为了抽取元数据，元数据发生器解码二进制数据集，计算由部署在服务器上的规则计算引擎(rule calculation engine)完成。规则计算引擎可以不停歇地解码数据集，并将分析结果放回关系数据库(RDBMS)。这些结果包括平均值、中位数和方差等，也包括一些对错误的描述信息，如错误率、丢失率等。通用经验分析器能够深入地处理从数据集中抽取的元数据集信息，以便为浏览数据和比较大数据集提供概要信息。这些概要信息依据统计、排序或分类方法展示，以利于数据发现。通过数据定制引擎，用户仅需要下载和解码自定义数据集而不需要下载和解码数兆的元数据。新到的或者频繁使用的数据保存到临时数据存储(temporary data storage)，数据地址映射进关系数据库；旧的或不频繁使用的数据重新保存到长期数据存储(long-term data storage)。开发人员若要添加新的功能或算法，只需编写新的程序并布设在平台上即可，而不需要对已有程序做任何改变。这种数据管理模式具有极强的可扩展性和并行性特点。

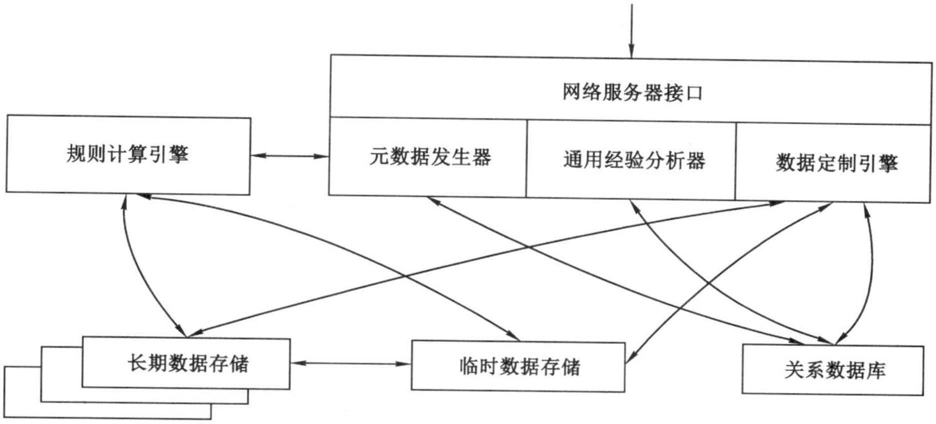

图 2-5　数据存储和管理模式

2.5.2 数据库的表结构

设备间的物理关系、铁路部门间的隶属关系及设备与铁路间的空间关系组成了监测系统的主体逻辑结构，如图 2-6 所示。关系型数据库的表结构也就是这三种关系的具体实现。监测设备由网络服务器、网关、单元盒和传感节点组成。一个网络服务器可以管理多个网关，每个网关下有多个单元盒，每个单元盒中含有多个传感节点，每个传感节点含有多个通道，采集钢轨的温度、应变和加速度等信息。铁路部门有分局、区间、站点等信息。如沈阳分局管理沈阳到大连线路辽阳至鲅鱼圈区间段，盖州西站位于该区间段，它的上行线站点是辽阳，下行线站点是鲅鱼圈。设备与铁路间的空间关系（含地理坐标、上行线、下行线）使得上述两种分类建立联系。

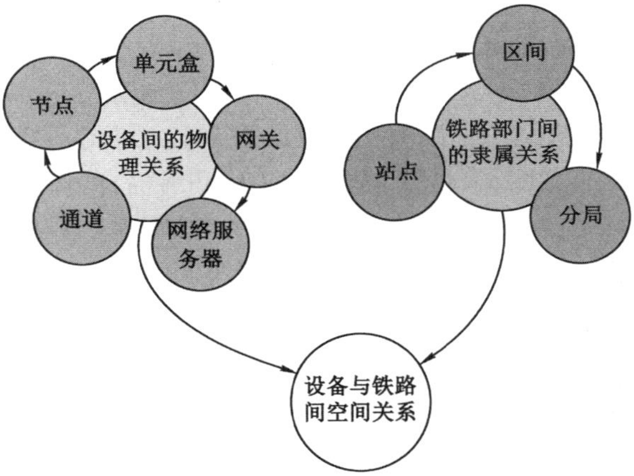

图 2-6　钢轨监测数据库表结构

围绕对整个监测系统各组成部分功能的分析，建立数据库主要表关系（图 2-7）。传感器表、通道表、节点表、盒子、网关和接入服务器共 6 个表描述了设备间的关系。区间表、线路表和铁路局表共 3 个表描述了铁路部门间的隶属关系。二者通过位置表建立联系。此外，还有采集数据表、在线设备表、用户管理表、分析结果表和协议等。

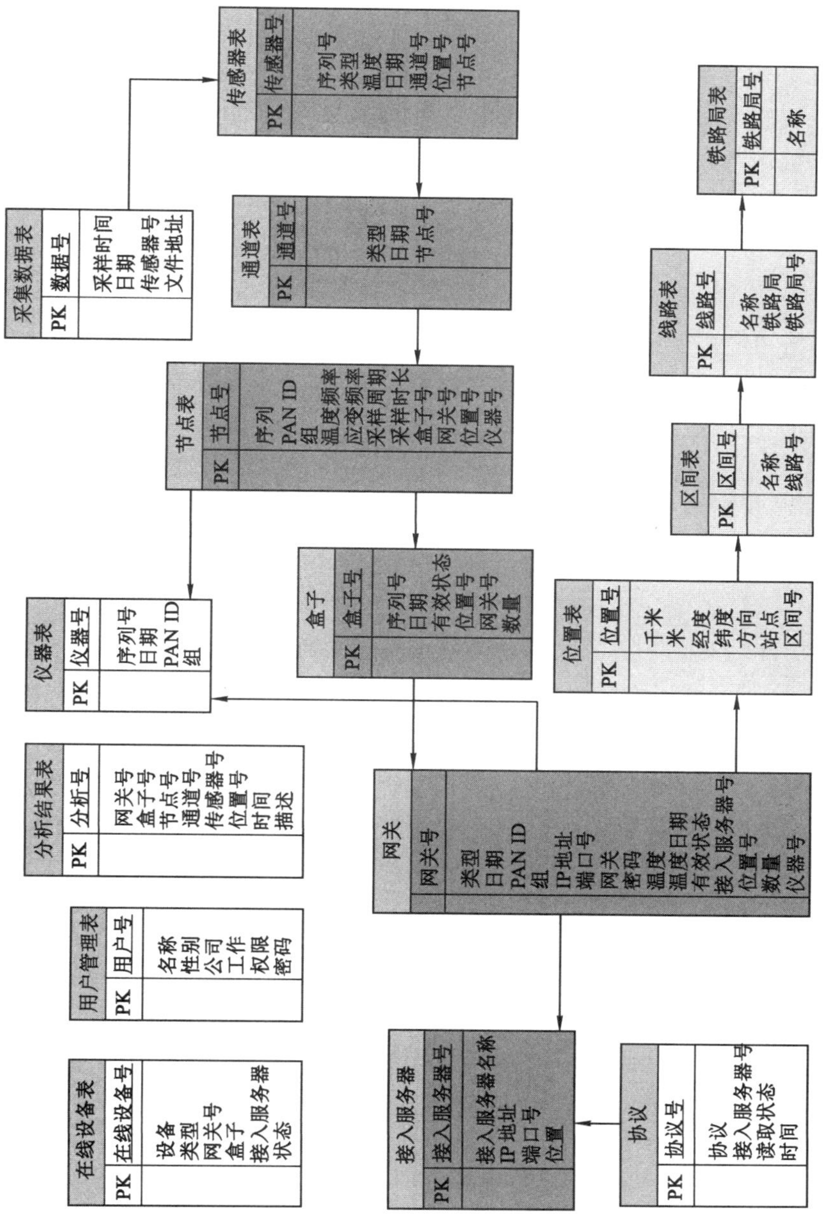

图 2-7　钢轨监测数据库主要表关系

2.6 基于B/S和C/S的监测客户端

2.6.1 监测客户端框架

客户端软件需要提供丰富的人机交互功能，数据流的发现、传输、处理、可视化是其关键。本章设计了“元信息捕获-本体映射-数据发现-数据获取-数据可视化”交互操作数据流，如图2-8所示。首先，从数据库获取该区段单元盒内节点

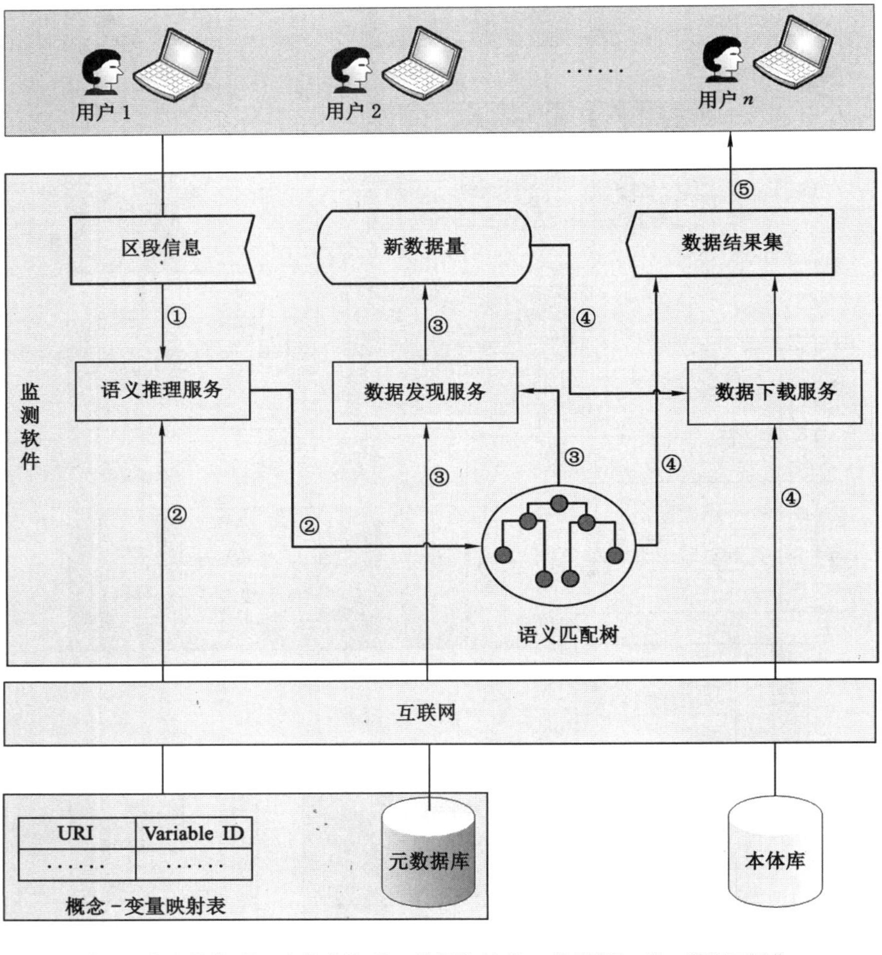

①—元信息捕获；②—本体映射；③—数据发现；④—数据获取；⑤—数据可视化。

图2-8 客户端软件交互操作的数据流图

传感器的元数据信息，然后建立要查找标识传感节点信息的元数据目录，从而发现并获取数据。在数据源表中以（URI，Variable ID）关系对的形式构成关系映射，URI 标识了本体中的某个属性，Variable ID 标识某个需要的变量值。客户浏览端依照获取的数据构造交互式应用平台，如图 2-9 所示。通过地理信息和采集数据可视化、报警及决策管理等功能实现实时监测，利用模型分析实现并展示时空数据的深度分析结果，并可导出结果。通过权限管理、事件记录等可回溯监测期间发生事件。

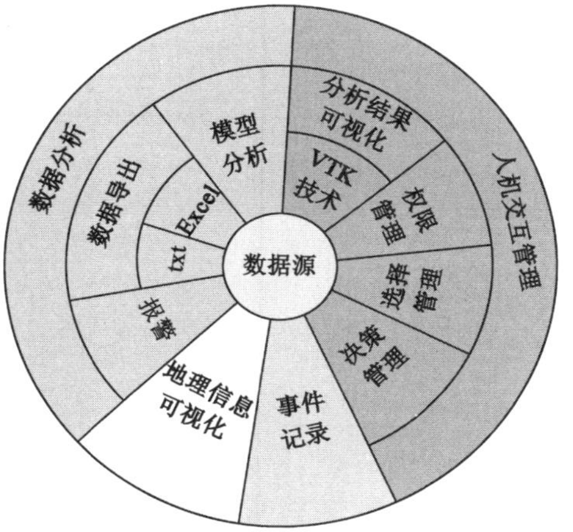

图 2-9　客户端交互式应用平台

系统使用开源可视化工具箱 VTK 显示分析结果，利用地理信息系统软件 ArcGIS 的 API 构建基于交互式全系统地图平台，用于网络空间布局场景可视化。设计的客户端软件有 C/S 和 B/S 两种架构。C/S 架构是采用客户端-服务器模式，能够充分利用两端的硬件资源，降低通信开销。B/S 架构是浏览器-服务器模式，充分利用服务器端资源实现系统主要功能，简化了开发、维护和使用。

2.6.2 监测客户端软件的设计与实现

2.6.2.1 基于 C/S 的监测客户端设计

C/S 架构的客户端浏览器能够充分利用客户端硬件资源，利用自定义算法，快速生成计算结果，展示丰富的时空数据信息。如何在有限空间中展示丰富的数据信息，是振动监测浏览器考虑的焦点问题之一。为此，本书设计了由工具区、区段区、主界面区、消息区和网络状态共 5 种功能区组成的客户端浏览器界面，如图 2-10 所示。

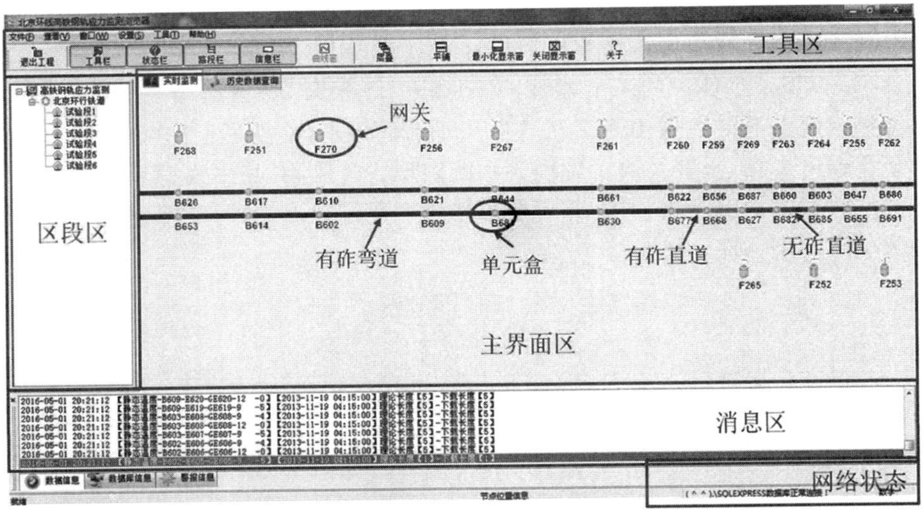

图 2-10　基于 C/S 的客户端浏览器

五种功能区的功能划分如下：

(1) 工具区实现浏览器界面管理、监控参数设定和数据分析等功能。界面管理包括各个功能区的显示/隐藏，各种实时数据监测界面和历史数据显示界面的排布等；监控参数设定包括数据查询频率设定、报警设定、用户管理等功能；数据分析包括历史数据导出、数学工具箱调用等功能，使用编写的数据处理函数分析历史数据。

(2) 区段区实现监控线路的区间信息管理。用户通过点击具体的区间信息在主界面区实现区间信息的显示和管理。

(3) 主界面区包括实时监测和历史数据查询两部分，它们的基本工作界面相同，可通过鼠标对界面进行放大、缩小和平移操作。

在实际操作中，可通过颜色区分不同的物理对象和它们的状态信息，如无砟直道、有砟直道和有砟弯道分别由紫色、蓝灰色和蓝色表示。单元盒固定在钢轨上，网关布设在钢轨两侧。它们的状态可用约定颜色表示：绿色表示状态正常；黄色表示单元盒中有节点掉线；灰色表示单元盒中所有节点掉线、网关及所属的节点掉线；红色表示单元盒中有节点采集数据异常。当用户把鼠标指向单元盒会弹出消息框，显示所属网关、管理节点、在线节点和位置等信息。

在实时监测部分，用户点击单元盒，可以实时监测内部节点采集的信息，如图 2-11 所示。在图 2-11(a)中，显示了单元盒 B644 监测到的温度、应变、加速度和湿度等信息。在图 2-11(b)中，显示了盒中 A644 采集的加速度信息，包括采集值、采集时间和加速度方向等信息。

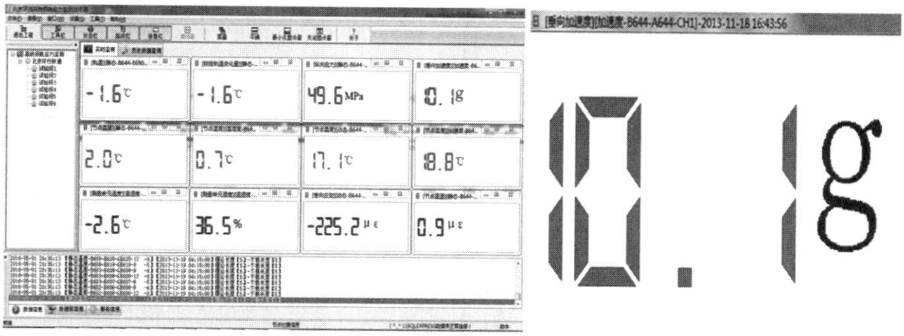

(a)　　　　　　　　　　　　　　　(b)

图 2-11　节点信息的实时监控

(a) 主界面;(b) 加速度显示

在历史数据查询部分，用户点击单元盒，选取时间段，下载采集的数据。图 2-12 显示了 A602 在 2013 年 11 月 5 号 10 时 13 分采集到的加速度数据、加速度的最大值、最小值和丢包率等信息。

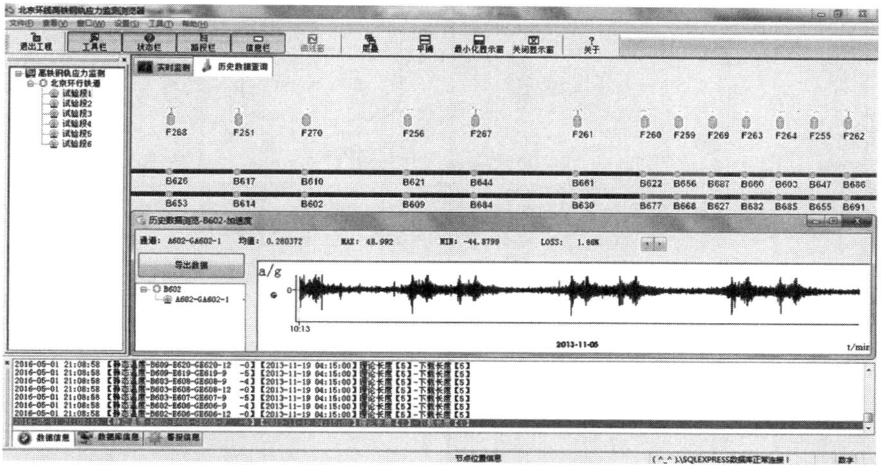

图 2-12　C/S 浏览器历史加速度数据显示

(4) 消息区由数据信息、数据库信息和报警信息共 3 个部分组成。数据信息实时显示所有区段采集的数据，包括数据属性、传感器通道号、节点、单元盒、采集时间、理论长度和实际长度等信息。数据库信息实时显示数据库中数据的更新。报警信息实时把分析报告中的数据异常、设备状态异常等显示出来。

(5) 状态栏显示当前网络连接状态。

2.6.2.2　基于B/S的监测客户端设计

B/S架构的客户端浏览器把大部分计算放在服务器端进行,对客户端硬件资源要求不高,便于用户随时随地通过WWW服务监测与管理设备运营状态。

PC端使用的B/S监测浏览器是ArcGIS与Silverlight技术结合的产物。软件架构由GIS管理模块、可视化模块、Web服务模块接口、存储模块共4个部分组成(图2-13)。GIS管理模块提供地理信息,由ArcGIS Desktop构建WSNs布局的矢量地图。可视化模块由Silverlight开发,提供显示和人机交互功能。存储模块由元数据和本体库组成。Web服务模块接口基于Web Service开发,提供客户端访问Web服务模块的接口函数。

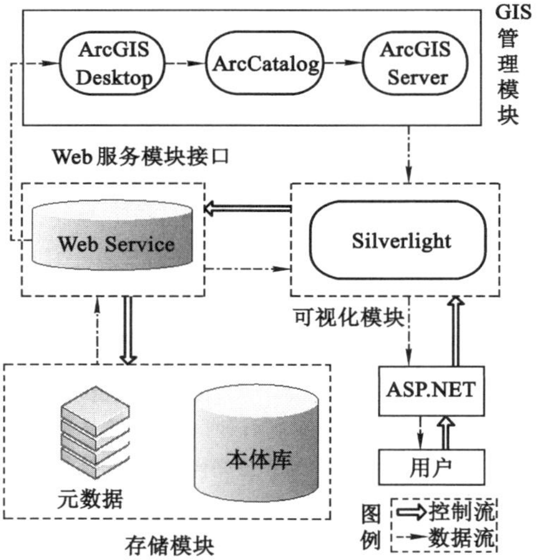

图2-13　数据融合的软件架构

主界面如图2-14(a)所示。单元盒的状态信息可实时显示,用户能够查询实时或者历史数据,如图2-15所示。移动端使用的B/S监测浏览器是在ArcGIS API for Android和Android技术基础上研发出的,界面和功能与PC端B/S浏览器均相似,如图2-14(b)所示。

(a)　　　　　　　　　　　　　　(b)

图 2-14　基于 B/S 的监测浏览器

(a) 监测路段;(b) Android 客户端

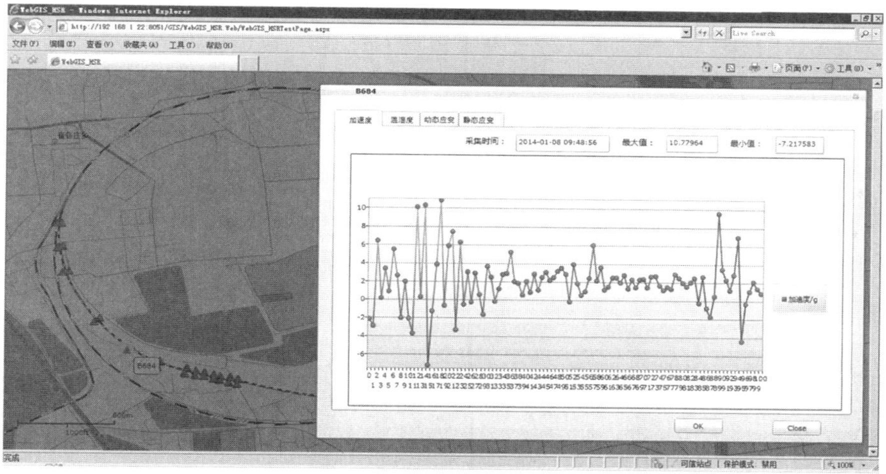

图 2-15　B/S 历史加速度数据界面

2.7　QoS 性能评估

本书对建立的无线传感网系统性能进行了综合测试,实验在国家铁道试验中心架设的钢轨应力检测无线传感网上开展,该传感网能够测试线路钢轨的轨温、应变、振动加速度等指标。现场安装的设备如图 2-16 所示,单元盒安装在轨腰处，内含至少 4 个传感节点，网关放置在钢轨旁，通过交流电源供电。现场布设 13 个网关、104 个传感节点。节点供电箱和网关箱内装有温(湿)度传感器，用于监测运行环境。接入服务器的电脑配置有：主频 2.0 GHz CPU(8 核)、内存 32 GB，网络带宽 4 GB/s。控制中心内景如图 2-17 所示。

(a) (b)

图 2-16　现场设备图

(a) 单元盒实物图；(b) 网关实物图

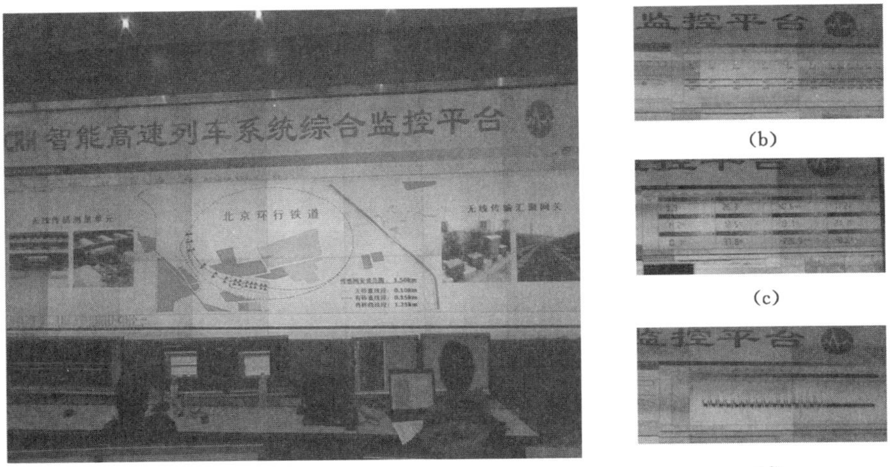

(a) (b) (c) (d)

图 2-17　铁路钢轨安全监测远程控制中心示意图

(a) 监测界面；(b) 设备信息图；(c) 实时监测显示；(d) 历史数据

（1）数据丢失率测试

静态节点采集时间的间隔为 15 min，其中静态应变节点采集频率为 20 Hz；动态节点设置为触发采集模式，采集时长为 4 s，加速度节点数据采集频率为 5 kHz，动态应变数据采集频率为 0.5 kHz。令保存到服务器存储上的实际采样数据长度为 N，节点通道采样时长为 T，采样频率为 f，数据丢失率 $L=N/(Tf)$。在运行 30 d 期间，测试计算得到节点通道的数据丢失率，如图 2-18 所示。所有节点通道数据丢失率小于 5.0%，丢失率在 0%～0.5%区间的节点通道数占 91%以上。

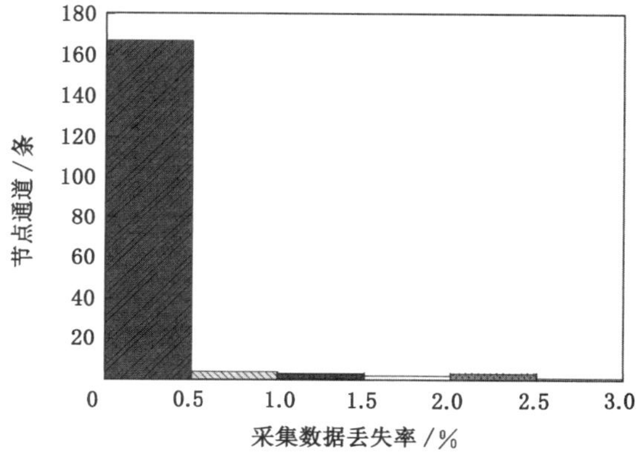

图 2-18　传感节点采集数据丢失率散点图

（2）数据吞吐量测试

设置加速度节点为定时采集，采集频率为 10 kHz，采集时长为 2 s，采样间隔为 10 min；动态应变采集频率为 1 kHz。设定所有单元盒加速度节点同一时刻开始采集，这也会触发所有动态应变节点同时采集。静态节点按照正常工作状态参数设置。所有节点都设计为采集完成后进行数据传输。实验时长为 1 h。从实验结果可知：对 26 个加速度节点，系统平均处理速度即数据吞吐量为 0.52 MB/s 时，数据丢失率近似为零。

（3）数据时延测试

利用采集数据帧的时间戳，获得数据从采集到显示在客户端监测界面上的时延。完整数据包的时延均小于 1 min，含有丢包的时延小于 4 min。利用短信开关关闭和重启网关，从短信开关有回复开始计时到客户端界面显示网关状态改变的时延。如表 2-1 所示，网关从关闭状态到显示在线需要 1 min 左右。而网关从在线状态到显示关闭需要 3～8 min。时延较长的部分原因是接入服务器判断网关掉线是通过捕捉 Socket 异常和心跳超时两种策略，第二种策略需要较长时间。

表 2-1　网关状态改变时的响应时间

序号	关闭时延/min	打开时延/min
1	3	1
2	6	1
3	7	1
4	8	1
5	4	1

2.8　钢轨监测系统在高铁线路上的拓展应用

我国某高速铁路设计时速为 350 km/h，运营列车间隔时间仅有 5 min。这使得钢轨频繁承受剧烈的轮轨交互力，对钢轨维护提出了极高要求。为此，在某区间段上试用了研制的监测系统。共布设了 4 个测量点，分别位于 P1 位置左右两侧、P2 位置左侧和 P3 位置左侧，如图 2-19 所示。P1 位置位于下行线路直道；P2 和 P3 位置位于上行线路靠近道岔处。监测平台于 2011 年 9 月搭建完成，软件平台运行稳定，采集到大量的振动、轨温和应变等钢轨信息。

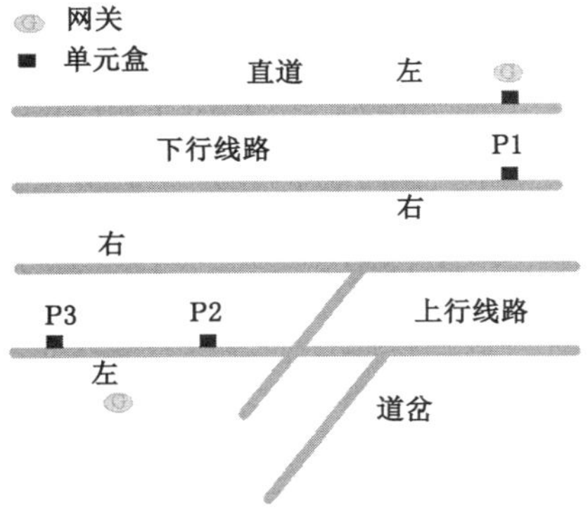

(a)

(b)

图 2-19　监测系统在某高铁线路上的应用

(a) 设备在钢轨上的铺设；(b) 安装的单元盒

图 2-20 是 2011 年 11 月某日测到的无缝线路轨温和应变数据。测得的钢轨静态应变与温度的变化趋势相反,符合无缝线路受约束时应变与温度的变化规律[1]。进而可计算出全天锁定轨温的变化量,判断锁定轨温是否在无缝线路安全阈值范围内。

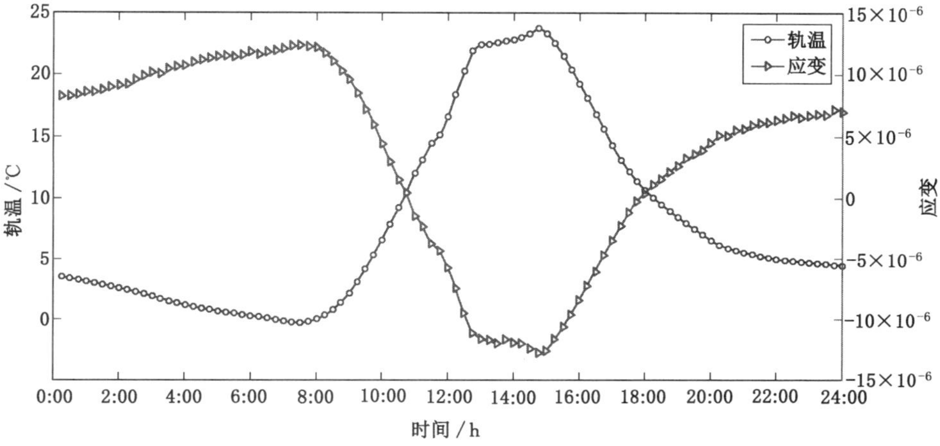

图 2-20 无缝线路钢轨的轨温与应变

2.9 本章小结

本章面向铁路钢轨状态监测的需求,设计并实现了监测系统中控制与通信层和数据存储与分析层。具体内容如下:

(1) 设计并实现了钢轨监测系统中控制与通信层、数据存储与分析层架构。研发出能够协调两种异构网络用于数据转发的网关软件平台;利用关系型数据库和数据分析机构建数据存储和管理模式,设计出满足钢轨监测需求、包含各种要素的数据库表结构,管理网络拓扑结构和持续增加的传感数据;设计了"元信息捕获-本体映射-数据查询-数据获取-数据可视化"交互操作数据流,开发出基于 C/S 和 B/S 的客户端软件,实现设备分布和传感数据可视化。

(2) 在笔者所在课题组搭建的钢轨监测系统平台上进行了性能测试。结果表明:在测试现场,布设 13 个网关、104 个节点,系统运行 30 d,所有节点数据丢失率小于 5%;最大吞吐量为 0.52 MB/s 时,运行 1 h,节点数据丢失率为零;数据从采集到显示在客户端界面上时延小于 1 min,含有丢包的数据时延小于 4 min。

(3) 系统运行稳定性高。系统安装在某城际高速铁路上,3 a 来稳定运行,经受住了多种因素考验,获取了丰富的钢轨信息数据,将为该高铁安全运营提供重要保障。

3 负载自适应网络服务器算法及应用

3.1 引 言

不同时刻、同一线路行驶的列车班次和车速不同,触发的传感器数量也就不同,会造成多传感数据同时传输和传输数据量差别较大的现象;网关处于恶劣的环境中,也会出现传输连接中断现象。针对钢轨监测 WSN 中多传感器同时传输和网络性能波动大的特殊工况,对系统配置进行动态优化,设计和实现相应的网络架构,是首要解决的关键问题。为此,本章提出负载自适应的前摄式网络服务器算法,构建出适用于多传感节点网络任务并发处理的数据传输架构,编写出相应的网络服务器软件。

3.2 负载自适应网络服务器模型

网络服务器充分利用了操作系统的异步机制,需要处理多连接和大数据请求,要求有较高的稳定性和处理性能。为此,有必要优化内部线程配置,以便能满足性能需求和有效利用硬件资源。

3.2.1 设计思路

网络服务器需要依据外界到达速率和约束条件自动调整内部线程配置,满足较高稳定性和处理性能条件下硬件资源有效利用的目的。它可被抽象为处理数据包的多线程数据流模型。其操作函数由服务站表示,数据包按照模型图依次经过每个服务站。因为这些服务站是轻量级的处理过程,所以它们可以通过多次复制来分担载荷,每个服务站就代表一个处理线程。但是,所有服务站都需要占用一定的硬件资源。若硬件资源已经确定,就会限制服务站的复制数,这就需要优化服务站数配置以便最大化利用资源。主要思想就是序列化地自动调整不满足约束条件的服务站个数,最终达到每个服务站都满足优化目标。主要反映为两方面:

(1) 吞吐量。优化目标是获取软件的最大吞吐量。开始时,赋予每个服务站一个初始值。外界到达速率会从初始速率开始以步长 l_{exInc} 逐级增加，若某个服务站不再满足约束条件，需增加该服务站个数。然后，再次逐级增加外界到达速率，按照数据流向逐个检查服务站，并增加不满足约束条件的服务站个数。如此多次循环，达到硬件资源不允许增加服务站数为止。此时的服务站配置即最优线程数配置，吞吐量也是优化得到的最大吞吐量。

(2) 稳固性。已知外界到达速率，优化目标是确定满足约束条件的最小线程数。开始时，赋予每个服务站一个初始值。每次优化都要按照数据流向逐个检查服务站，并增加不满足约束条件的服务站个数。多次循环后，可得到一个满足约束条件的服务站配置，即认为达到优化目标。

3.2.2 性能分析方法

3.2.2.1 基于排队论的模型分析

图 3-1 显示了模拟队列网络模型的前摄式服务器框架。前摄式是一种异步通信模式，将数据的接收和分析分成两种线程进行，极大地增加了并发处理的数据量。$M/M/n/m$ 表示请求到达的间隔时间和服务时间均为负指数分布，有 n 个服务窗且系统容量为 m 的损失制排队模型。事件流是 Poisson 流。外界请求到达速率用 λ_i 表示，异步操作的服务速率用 μ_i 表示，路由服务速率用 s 表示，完成事件句柄的服务速率用 r_i 表示。系统采用的是"先进先服务"的安排策略。

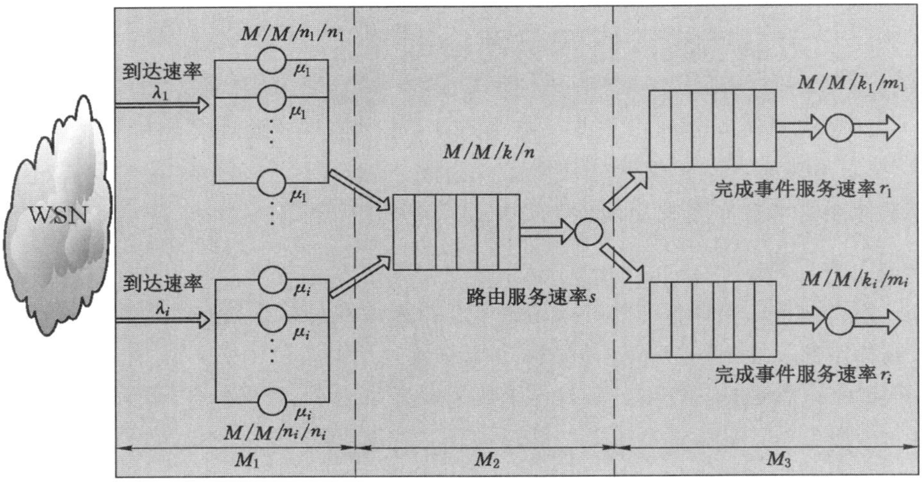

图 3-1 基于前摄式的服务器队列网络模型

执行完成一次用户请求共涉及 3 个步骤：① 异步操作；② 事件路由；③ 分派和完成事件。系统由图示中 M_1、M_2 和 M_3 3 个子系统组成。在 M_1 子系统中，处理外界请求的异步操作的事件句柄池被描述为零队列的多服务器处理站，则请求类型 i 的队列长度 $n_i(./././n_i)$等于事件句柄数。这些服务器把处理后的事件放进 M_2 子系统中的公共完成事件队列，若队列已满，服务器会直接丢弃事件，以便服务器能够正常运行。由 k 个服务器执行路由完成事件操作，这些服务器从公共完成事件队列中接收事件，依据事件类型分派它们到 M_3 子系统中合适的完成队列中。如果要分派的完成队列已满，则路由操作会阻塞。例如，如果当前要路由和分派的完成事件是类型 i，后续类型 i 的服务处理站的队列中已有 m_i 个事件，那么路由操作就会阻塞。每个事件的处理句柄从相应队列中抽取事件进行后续处理。

3.2.2.2　队列网络模型的数学分析

排队论通过统计研究请求的到达速率和服务时间，获得系统性能指标的统计规律（等待时间、队列长度、丢失率等），并据此改进服务系统架构，最终使得整个系统满足服务要求，性能指标达到最优。上述 3 个子系统具有相似的性质，可统一用排队论进行分析。本书假定每个服务站的外界到达速率是 λ，服务器的服务速率是 μ，服务器有 $n(n\geqslant 1)$个，队列大小为 $m(m\geqslant n)$。因此，能获取针对单个请求类型的性能矩阵。

在某种意义上，外界到达速率 λ 和服务速率 μ 存在竞争关系。假设 $\lambda\leqslant\mu$，服务器数为 n。若利用率 ρ 满足如下关系，则可认为系统是趋于稳定的。

$$\rho=\frac{\lambda}{n\mu}\leqslant 1 \tag{3-1}$$

式(3-1)中的利用率是获取其他性能的基础。在队列中有 k 个数据包的概率为：

$$P_{r_k}=\begin{cases}\dfrac{n^k\rho^k}{k\,!}P_{r_0} & 0\leqslant k<n\\[2ex] \dfrac{n^n\rho^k}{n\,!}P_{r_0} & n\leqslant k\leqslant m\end{cases} \tag{3-2}$$

式中，P_{r_0} 是数据包个数为零的概率。P_{r_0} 可表达为：

$$P_{r_0}=\begin{cases}\left[\displaystyle\sum_{k=0}^{n-1}\frac{(n\rho)^k}{k\,!}+\frac{(n\rho)^n}{n\,!}\,\frac{1-\rho^{m-n+1}}{1-\rho}\right]^{-1} & \rho\neq 1\\[3ex] \left[\displaystyle\sum_{k=0}^{n-1}\frac{n^k}{k\,!}+\frac{n^n}{n\,!}(m-n+1)\right]^{-1} & \rho=1\end{cases} \tag{3-3}$$

如果服务器已全部工作或队列已满，输入数据包会被拒绝。期望丢失率可以表达为：

$$L_m=P_{r_m}=\frac{n^n\rho^m}{n\,!}P_{r_0} \tag{3-4}$$

有效到达速率是：

$$\lambda' = \lambda(1 - L_m) \tag{3-5}$$

M_2 子系统中，公共完成事件队列总的输入速率为：

$$\lambda_2 = \lambda'_{1,1} + \lambda'_{1,2} + \cdots + \lambda'_{1,m} \tag{3-6}$$

式中，$\lambda'_{1,i}$ 表示类型 i 的有效平均速率。

M_3 子系统中，请求类型 i 的独自完成队列的输入速率由下式给出：

$$\lambda_{3,i} = \frac{\lambda'_{1,i}}{\lambda'_{1,1} + \cdots + \lambda'_{1,m}} \lambda'_2 \tag{3-7}$$

式中，λ'_2 是有效路由速率。

期望吞吐量，也就是异步服务器总的处理速率，如下式所示：

$$T = \lambda'_{3,1} + \lambda'_{3,2} + \cdots + \lambda'_{3,i} \tag{3-8}$$

式中，$\lambda'_{3,i}$ 是事件句柄 i 的有效完成速率。

丢失率 ε 可表达为：

$$\varepsilon = \lambda P_{r_m} \tag{3-9}$$

期望繁忙服务器数是繁忙服务器的平均数。通过计算一定载荷下工作服务器的数量，用来指导决策。表达式如下：

$$B_s = \sum_{k=0}^{n-1} k P_{r_k} + n \sum_{k=n}^{m} P_{r_k} \quad B_s \leqslant n \tag{3-10}$$

期望等待长度是平均队列长度，表达式为：

$$L_q = n \sum_{k=n}^{m} (k - n) P_{r_k} \tag{3-11}$$

期望队列长度是平均队列长度与工作服务器数的和，表达式为：

$$L_s = \sum_{k=0}^{m} k P_{r_k} \tag{3-12}$$

系统期望响应时间为：

$$R = \frac{L_s}{\lambda'} \tag{3-13}$$

队列中数据包期望等待时间为：

$$W = \frac{L_q}{\lambda'} \tag{3-14}$$

在一个子模型中期望耗时为：

$$\tau = R \tag{3-15}$$

请求类型 i 在整个处理过程中的总耗时可由 3 个子系统中耗时的和得到：

$$\Gamma = \tau_{1,i} + \tau_2 + \tau_{3,i} \tag{3-16}$$

式中，$\tau_{1,i}$ 是 $M_{1,i}$ 中的耗时；τ_2 是 M_2（在公共完成队列中的排队和路由）中的耗时，且所有类型在 M_2 中的耗时都是相等的；$\tau_{3,i}$ 是子模型 $M_{3,i}$（排队和事件处理)中的耗时。

3.2.2.3　优化目标与约束条件

吞吐量的优化目标是获取安装在特定主机上的多线程数据流软件的最大吞吐量。稳固性优化目标是找到针对给定载荷的多线程数据流软件内部各站点线程数的最优配置。

此外,还需要实时地评估性能以便提供充分的设计时分析信息,指导部署和决策。这些性能评估包括利用率 ρ、丢失率 ε、期望响应时间 R、期望等待长度 L_q、总耗时 Γ 等。

为了便于优化过程中调整线程配置或终止优化,需要下述约束条件:

(1) 丢失率约束。当丢失率达到某个阈值时,添加相应线程。

(2) 利用率约束。当利用率达到某个阈值时,添加相应线程。

(3) 一核一线程。CPU 的核数是并行线程数的上限。

此外,在子模型 M_1 和 M_3 中,一种请求类型的优化不会干扰其他请求类型的优化。由于子模型 M_2 中的输入速率是子模型 M_1 中所有类型有效输出速率的和,M_1 中各种类型的优化都会干扰 M_2 中的优化处理。若 M_2 中的优化结果不满足上述 3 个约束条件,即使 M_1 中某种类型的优化结果已满足约束条件,也不应增加该类型外界载荷的到达速率。

3.2.2.4　算法流程

依据上述思想和数学公式,可编程实现负载自适应网络服务器算法,其流程如图 3-2 所示。在部署服务器时,需要先预估服务器能够管理的最大设备数,并使实际服务器管理数不超过这个设备数。所以,不存在数据量超过服务器最大吞吐量情况。具体流程为:

(1) 启动线程。

(2) 等待。依据具体情况设定等待时长,本书为 1 h。

(3) 判断线程是否结束。若结束线程,进入步骤(17);否则,进入步骤(4)。

(4) 读入各服务站服务速率。

(5) 判断输入速率改变是否超过阈值。若改变超过阈值,进入步骤(6);否则,进入步骤(2)。

(6) 判断 3 个子系统是否均计算。若全部计算,进入步骤(14);否则,进入步骤(7)。

(7) 进入下一个子系统。

(8) 计算获取各种类型数据的到达速率。

(9) 赋值子系统各站点服务器个数为 1。

(10) 判断是否满足一核一线程约束。若满足要求,进入步骤(11);否则,进

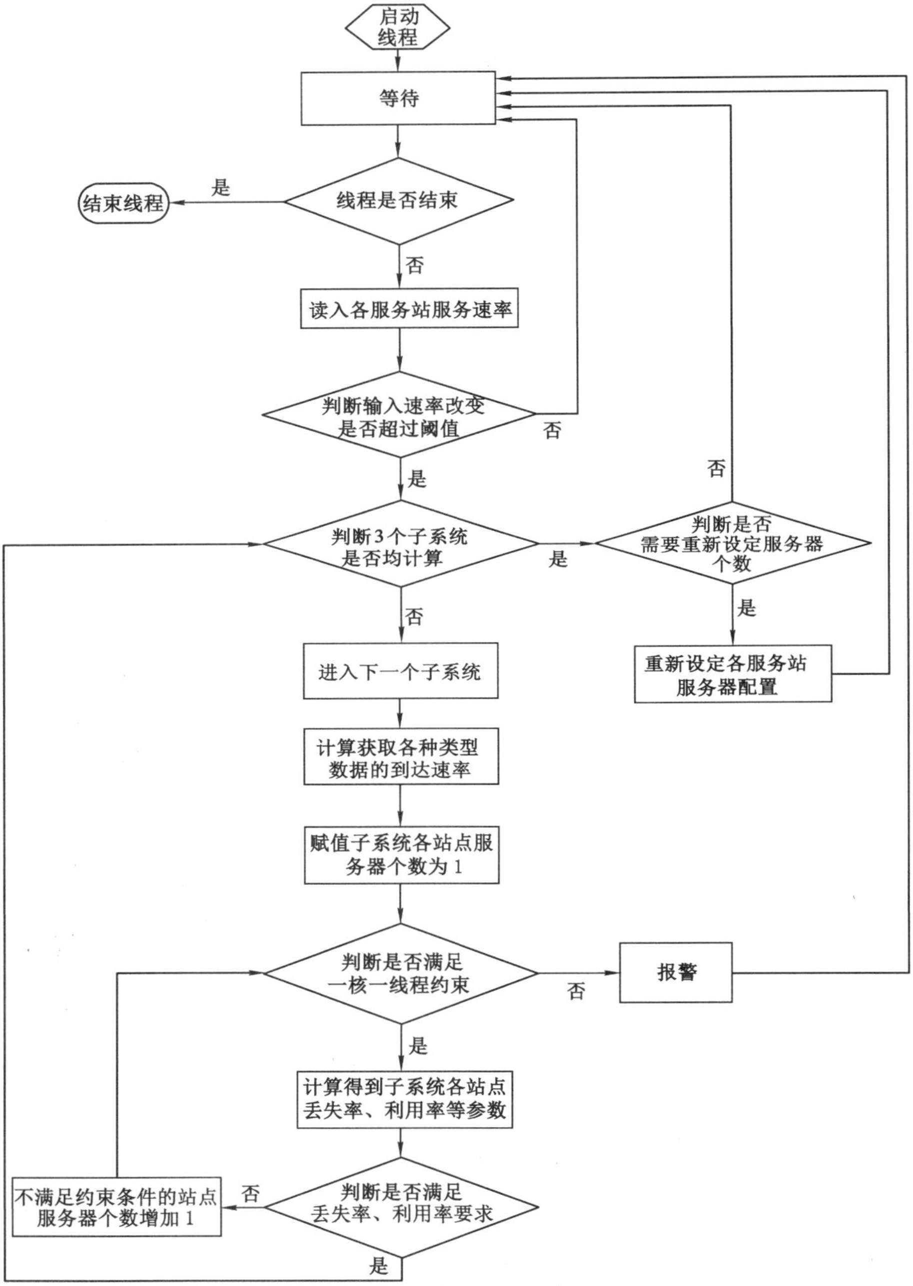

图 3-2　负载自适应网络服务器算法流程图

入步骤(16)。

(11) 计算得到子系统各站点丢失率、利用率等参数。

(12) 判断是否满足丢失率、利用率要求。若满足要求,进入步骤(6);否则,进入步骤(13)。

(13) 不满足约束条件的站点服务器个数增加 1。然后进入步骤(10)。

(14) 判断是否需重新设定服务站服务器个数。若需要重新设定个数,进入步骤(15);否则,然后进入步骤(2)。

(15) 重新设定各服务站服务器配置。然后进入步骤(2)。

(16) 报警。然后进入步骤(2)。

(17) 结束线程。

3.2.3　实验结果和讨论

3.2.3.1　模型验证

通过比较仿真获取的性能和实际测量的性能,来验证算法的正确性。所用服务器是戴尔 R620,8 核心,主频 2.0 GHz,内存 32 GB,操作系统 Window Server 2003。相互连接的电脑间的网速是 100 Mb/s。

各个标称参数值在表 3-1 中列出。模拟器以一定速率把数据发送到服务器,这些速率的和等于外界的输入速率,即 $\lambda_1=\lambda_2=500$ jobs/s(1 job 等于 10 倍的真实数据包)。服务速率 μ_i、s、γ_1 和 γ_2 已经由前期实验测出。

表 3-1　标称参数值

参数	值
到达速率 λ_i/(jobs · s^{-1})	500
线程池 n_i/个	1
服务速率 μ_i/(jobs · s^{-1})	787
公共队列容量 m/个	10 000
路由服务速率 s/(jobs · s^{-1})	400
线程池 k/个	1
单独队列容量 m_i/个	10 000
完成事件速率 γ_1 和 γ_2/(jobs · s^{-1})	190 148
线程池 k_1,k_2/个	1,1

经过 6 次迭代,优化线程配置为 $n_1=n_2=6$,$k=4$,$k_1=4$ 和 $k_2=5$。通过仿真和实验获取的性能评估值在表 3-2 中列出,置信区间取为平均值的 5%。在丢失率指标上,仿真子模型 M_1 中的值比实验子模型 M_1 中的值低,但都接近于零,两个实验子模型 M_2 和 M_3 中的值均是零。在利用率指标上,仿真子模型 M_2 和 M_3 中的值均

为 0.8，与实验子模型 M_2 和 M_3 中的值 0.7 非常接近。在等待长度指标上，仿真子模型 M_2 中的值比实验子模型 M_2 中的值低，两个实验子模型 M_3 中的值接近。在响应时间指标上，两个实验子模型 M_2 和 M_3 的值都是毫秒级。在吞吐量指标上，3 个子模型中的值分别相差不大。造成仿真值与实验值不同的主要原因在于实际服务速率总是在某区间内波动，与仿真实验中用到的速率有一定偏差。

表 3-2　网络服务器性能仿真与测试比较

参数		丢失率	利用率	等待长度/个	响应时间/s	吞吐量/(jobs·s^{-1})
仿真	M_1	1.3×10^{-4}, 1.3×10^{-4}	0.8	0.0		499.9,499.9
	M_2	0.0	0.8	1.7	1.7×10^{-3}	999.9
	M_3	0.0	0.8	1.6,1.4	3.3×10^{-3}, 2.8×10^{-3}	499.9,499.9
实验	M_1	2.4×10^{-2}, 2.3×10^{-2}	0.7	0.0		488.0,488.7
	M_2	0	0.7	5.5	4.6×10^{-3}	976.7
	M_3	0	0.7	1.7,3.4	3.1×10^{-3}, 5.6×10^{-3}	488.0,488.7

3.2.3.2　吞吐量优化

各指标值分别为：利用率 $\lim U=0.8$，丢失率 $\lim L=0.000\ 1$，$\lambda=100$ jobs/s，$m=10\ 000$ 和 $l_{\mathrm{exInc}}=20$ jobs/s。初始配置是 1 个服务站 1 个线程，共 5 个线程。当满足约束时，输入速率 λ 以步长 l_{exInc} 增加。l_{exInc} 非固定值，而是应保证每次调整后的 λ 能够以毫秒间隔输入。

通过实验，可以测到请求到达速率。每种线程配置由类型 1 输入速率和类型 2 输入速率构成的速率对来描述，速率对具体数值在表 3-3 中列出。若外界数据按照这些速率对到达系统，且内部线程配置如图 3-3(a)所示，那么优化结果满足约束条件。图 3-3(a)指明 M_1 中的线程数比 M_2 或者 M_3 同种类型下的线程数多。这是因为 M_1 中的每个请求的服务站是零队列站点。图 3-3(b)中显示出随着线程数的增加，在 3 个子模型中的每个请求类型的吞吐量也在增加。因为约束条件中有丢失率选项，确保子模型中的数据包丢失概率可以忽略不计，这使得服务器中每个请求的吞吐量与请求到达速率相等。因为在 M_3 中，请求类型 1 的服务速率和请求类型 2 中的服务速率不相同，促使两者最大吞吐量也不相同，类型 1 的吞吐量是 1 000 jobs/s，类型 2 的吞吐量是 889 jobs/s。

表 3-3 有效服务站配置的外界到达速率对应的吞吐量

单位:jobs·s^{-1}

类型	速率对												
	1	2	3	4	5	6	7	8	9	10	11	12	13
1	100	143	182	294	333	375	429	462	500	600	700	889	1 000
2	100	121	143	238	294	333	375	429	462	500	636	778	889

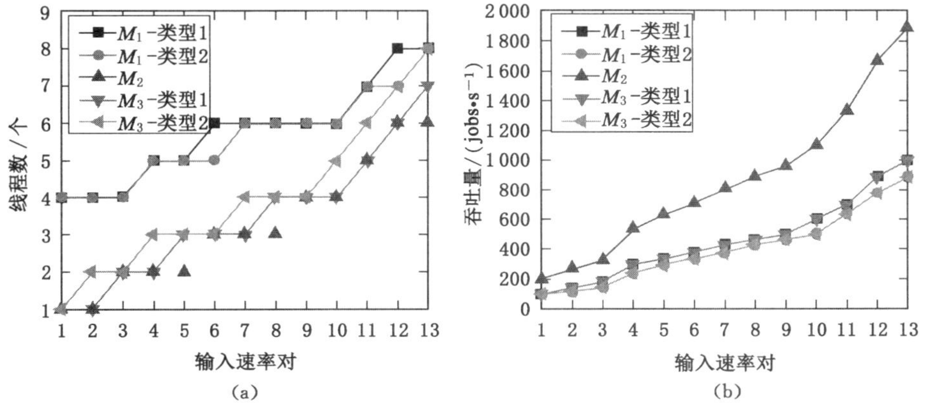

图 3-3 按照表 3-3 描述,系统吞吐量优化配置

(a) 在 M_1、M_2 和 M_3 中的有效线程配置;(b) 吞吐量

图 3-4 指明了尽管有效输入速率对逐步地增加且每种类型的服务速率保持恒定,但是 3 个子模型中的平均队列长度没有显著地增加,保持在 0～3 区间。这说明初始队列长度等于 10 000 jobs 浪费了系统内存资源。

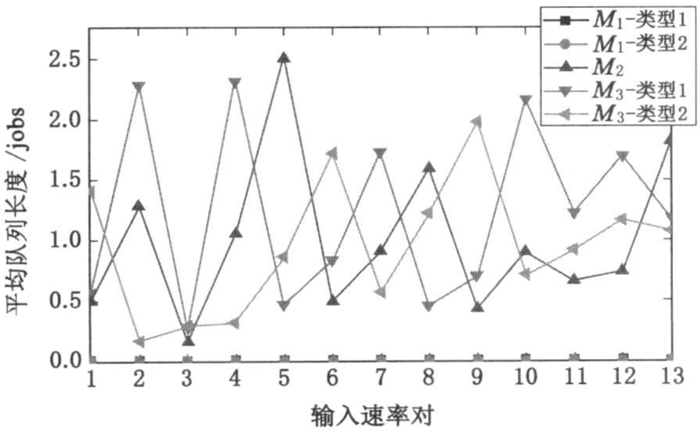

图 3-4 在 M_1、M_2 和 M_3 中的等待长度

图 3-5(a)指明了每种类型在 3 个子模型中停留的时间，图 3-5(b)显示使用式(3-16)得到的总耗时。由于在 M_1 中没有队列，期望耗时 $\tau_{1,i}$ 等于期望响应时间 $R_{1,i}$，大约是 0。又由于在 13 个优化中有 9 个 τ_2 小于 $\tau_{3,i}$，这说明改善完成句柄的服务速率更易于达到好的处理性能。此外，随着线程数的增加，虽然输入速率在持续增加，但是总耗时几乎相同。

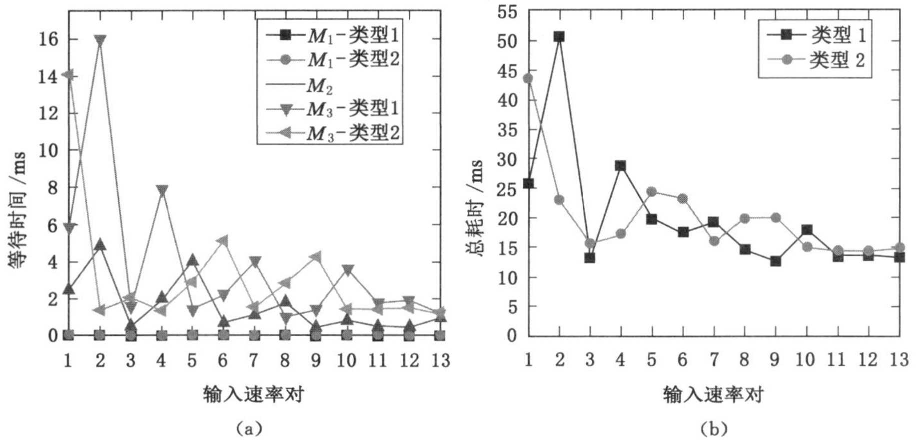

图 3-5　当外界到达速率对按照表 3-3 描述，系统等待时间

(a) 在 M_1、M_2 和 M_3 中每种类型单独等待时间；(b) 系统总耗时

3.2.3.3　稳固性优化

各指标值分别为：$\lim U=0.8$，$\lim L=0.000\ 1$，$\lambda=500$ jobs/s 和 $m=10\ 000$。初始配置是每个服务站 1 个线程，共 5 个服务器。输入速率 λ 应调整为每次毫秒间隔发出。

图 3-6(a)、图 3-6(c)、图 3-6(d)显示由于没有满足约束条件，如利用率大于 $\lim U$ 或者丢失率大于 $\lim L$，线程配置需要自我调整，最终确定为 $n_1=n_2=6$、$k=4$、$k_1=4$ 和 $k_2=5$。正如我们所知，由于输入速率恒定，随着线程数的增加，丢失率会降低。由于丢失率已忽略不计，吞吐量等于输入速率，如图 3-6(b)所示。

与上述实验类似，图 3-7 指明最大平均队列长度近似为 5 jobs，说明预留的 10 000 个队列空间是没有必要的。

与得到图 3-5 的方式类似，绘出图 3-8。由于线程数的增加，第 4 次、第5 次和第 6 次迭代优化中期望耗时 Γ 小于第 1 次、第 2 次和第 3 次迭代优化期间的耗时。从第 4 次迭代起，Γ 的值变动不大，且请求类型 1 的值小于请求类型 2 的值。

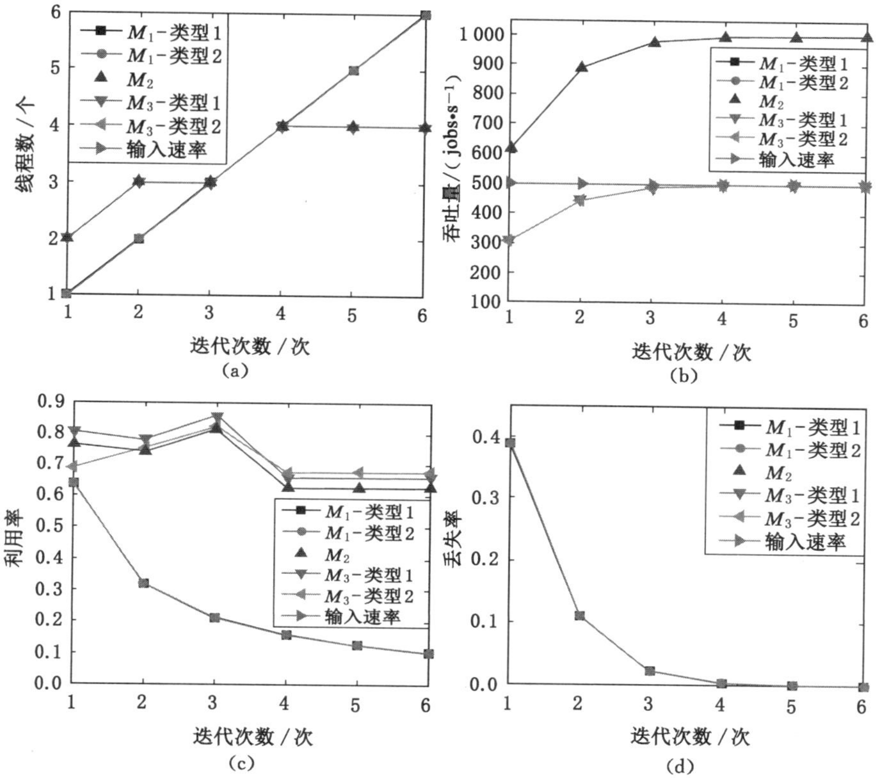

图 3-6 稳固性优化

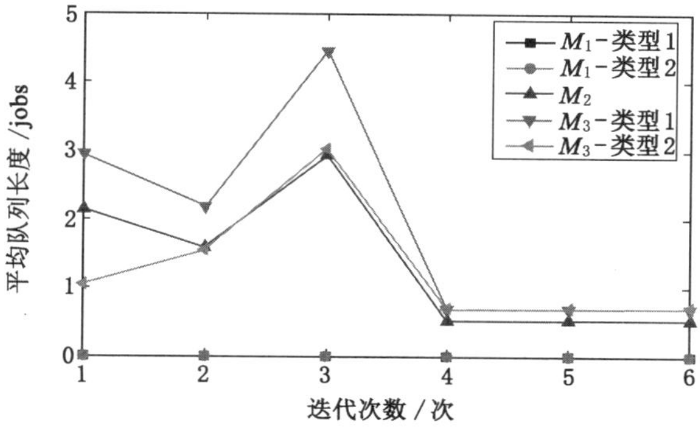

图 3-7 在 M_1、M_2 和 M_3 中每种类型的等待长度

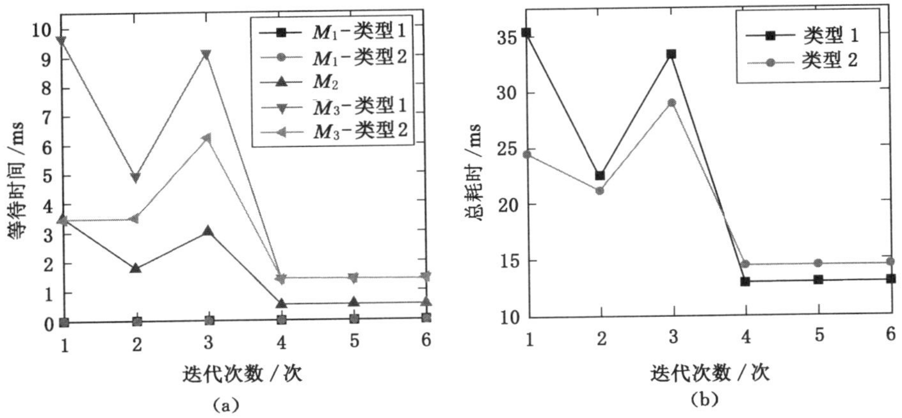

图 3-8 系统等待时间

(a) 在 M_1、M_2 和 M_3 中每种类型单独等待时间;(b) 总等待时间

3.2.3.4 模型讨论

网络通信是监测系统中重要的组成部分。由于大部分研究文章使用的传感器数量有限和采集数据量较少,鲜有涉及相关分析的文章出现[141]。本书基于排队论设计了一个负载自适应的网络服务器算法,详述了不同子系统间的优化控制策略,能够定期分析系统队列等待长度、等待时间、丢失率、利用率等指标,实现了设计时评估软件性能、运行时配置调整功能。模型主要特点如下:

(1) 实现了运行时依据外界到达速率自动调整内部线程配置功能。虽然许多学者研究了有限队列网络模型,但是他们的目的主要在性能评估,以便能够选出更适合的软件架构。F.M.Alam 等[142]设计了一个离散式事件仿真工具以便管理网络应用程序性能。工具能够模拟多种网络应用程序,预测系统性能维持服务水准。H.Khazaei 等[143]描述了一个近似分析模型以便评估云服务器农场的性能,通过求解模型以便获得请求响应时间和其他重要性能指标的精确评估。文章指出若云中心容纳多种服务且利用率保持不变会使得等待时间更长。然而,这些文章仅集中在性能分析上,不能动态调整系统配置。

(2) 模型考虑到多服务器情况。D.Doran 等[144]展示了一个 M/G/1/N 队列系统分析消费模型。通过改变内存大小和处理器速率来考虑顾客损失与顾客延迟间的影响。在他们的分析中,作者探索不同服务时间下队列大小、顾客损失和平均服务时间之间的相互作用。Y.C.Lee 等[145]使用处理器共享(processor sharing)研制云价格模型,建立了一个调度服务请求和划分数据访问优先级的算法,以便最大化收益。然而,在这些工作中忽略了增加多种服务器的可能性,

限制了最优化系统配置。

(3) 在具体事务处理子系统中，每种类型请求都有对应服务站处理。尽管在有些文献中具体事务被调度分派到多个服务器，但是服务器间并没有本质区别，属于同一种服务站[146-147]。由于不同类型请求的服务速率不同，不能实现较为精准的线程控制。有些命令需要快速地处理，若所有类型在一个队列，按照先进先服务原则，则可能会延误处理时间。此外，软件各组件间紧耦合，降低了系统的扩展性和灵活性。本书采用每种类型请求都有对应服务站处理的方法，克服了上述缺点，既满足了当前的性能优化配置需求，也有益于将来的功能扩展。

3.2.3.5　管理单元盒预估

在实际部署前，可以依据建立的网络服务器模型算法，评估网络服务器能够管理的节点数。在吞吐量优化一节中计算出网络服务器最大能够处理速率等于 1 000 jobs/s 的静态数据，以及速率等于 899 jobs/s 的动态数据。应变节点参数设置为采样时长为 5 s，采样频率为 1 000 Hz，每次采集 5 000 个数据点，共 313 包数据，组成 32 个 jobs。吞吐量为 1 000 jobs/s 对应每秒处理 31 个加速度节点。加速度节点参数设置为采集时长为 4 s，采集频率为 5 000 Hz，每次共采集 20 000 个数据点，共 1 252 包数据，组成 126 个 jobs。吞吐量为 899 jobs/s 对应每秒处理 7 个加速度节点。若 1 个单元盒内节点采集数据在 2 min 内传输完成，则可以处理 3 720 个动态节点和 840 个加速度节点。因静态应变节点和温度节点数据量少，忽略不计。

3.3　网络任务并发处理服务器的设计与实现

3.3.1　任务并发处理框架

设计的传感单元布设在铁路钢轨上，会受到钢轨电磁环境的影响，故障率高，网速波动大。如何保证传感数据的传输完整性和对网络变化的快速响应是难点。3.2 节设计的前摄式网络服务器模型，通过仿真和实验，可知其能够满足性能需求，能够作为网络任务并发处理服务器的基础架构。在开源 ACE(adaptive communication environment)类库基础上，采用线程异步机制同时处理多个服务请求，建立了多传感节点网络任务并发处理的数据传输框架，如图 3-9 所示。

通过 Acceptor-Connector 组合模式侦听端口，与发出连接请求的网关建立 Socket 连接。连接的生命周期利用 Links Manager 类管理。传来的网关消息由 Proactor 类接收。使用 Data Processor 类协调异步处理层和同步服务层，对接收的消息进行解析和处理，从而解耦了事件分离和分派逻辑。似 Data Processor 类与 Data Processor 类有相同结构，不同之处在于解析消息块和处理

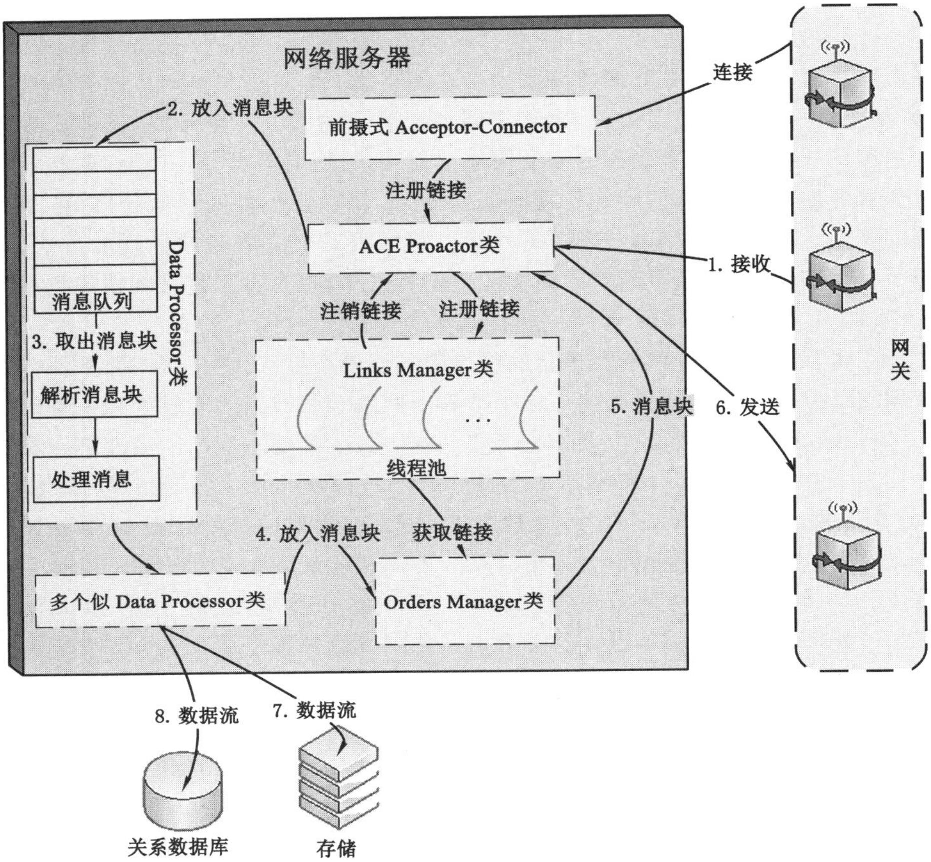

图 3-9　网络任务并发处理数据传输框架

消息块部分。利用 Orders Manager 类生成命令帧并发送至对应网关。Acceptor-Connector 类、Data Processor 类和似 Data Processor 类中的线程数可以依据输入速率，经上述网络服务器算法计算获得。

3.3.2　网络服务器的实现

研发出的网络服务器主要由设备区、主界面区和消息区组成，如图 3-10 所示。在设备区，形象地表达了设备的在线状态及隶属关系。若有设备不在线，就用红叉表示。在主界面区，列表表述了网关的连接状态、连接时间、断开时间和管理的在线节点。在消息区，用户的所有操作、采集数据和查询回复等信息都会被完整解读和显示。这些消息还会记录为事件日记，以备用户回溯。

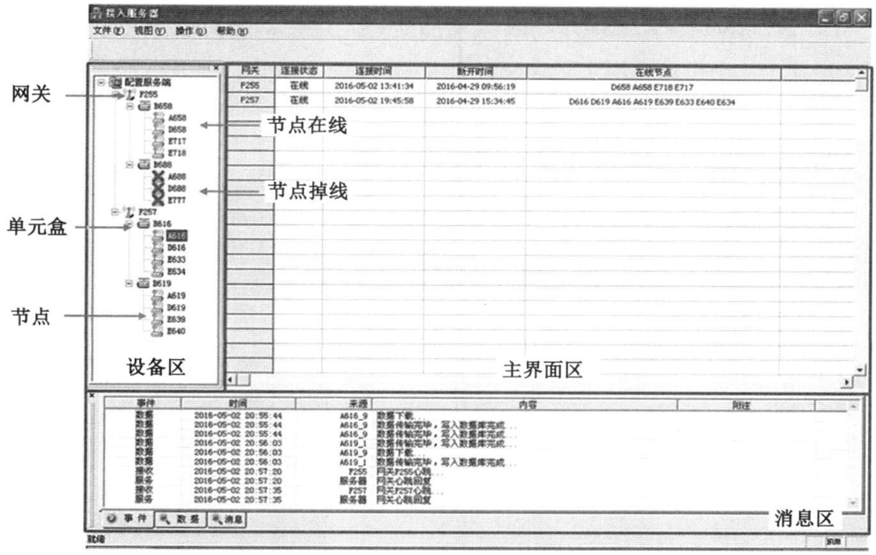

图 3-10 运行状态中的网络服务器

3.3.3 控制参数的下发和上传

3.3.3.1 主要控制功能

通过网络服务器设置或查询网关、节点的配置参数和运行状态，是网络服务器的另一个重要功能。用户通过鼠标点击相应设备来实现某项功能(图 3-10 左侧)。网络服务器也会定时查询设备配置参数或运行状态，并把回复保存在数据库中，以便用户通过客户端软件实时管理监测系统的运行。这些功能包括：网关程序升级；网关经纬度和温度查询；网关传感器网络标识码(PAN ID)设置和查询；节点 PAN ID 设置和查询；节点高低电平复位；节点程序升级；节点程序强制升级；数据透传；节点采集参数设置和查询(图 3-11)；节点开始采集和停止采集；查询节点电压；查询节点链路质量。

3.3.3.2 控制命令传输机制

控制命令由网络服务器发出，可用于设定或查询节点的配置信息、网关的环境信息等，主要封装在 Orders Manager 类。控制命令传输机制体现了本书以消息队列为桥梁处理多线程的特点。由于网关、节点所处环境恶劣，网速波动较大，控制命令在传输过程中容易丢失，所以需要有重发机制。具体流程如图 3-12 所示。为提高效率，查询命令队列、查询命令回复队列、查询网关连接均采用多线程协调的方法。

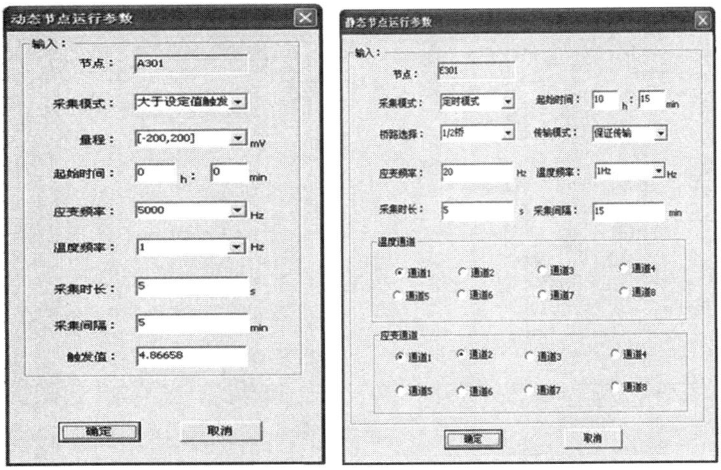

(a)　　　　　　　　(b)

图 3-11　采集参数设定

(a) 动态节点;(b) 静态节点

(1) 启动线程。

(2) 等待。等待时间依据具体工况设定,本书等待时间设为 100 ms。

(3) 判断线程是否有结束信号。若有,进入步骤(15);反之,进入步骤(4)。

(4) 查询命令队列是否有命令。其他工作线程可以放置命令进入命令队列;队列采用先进先服务模式。若队列有值,则进入步骤(5);反之,则进入步骤(2)。

(5) 从队列中取出命令。

(6) 查询命令回复队列中是否有回复。若有,则进入步骤(7);反之,进入步骤(8)。

(7) 删除回复队列中的回复。进入步骤(14)。

(8) 判断重发是否超限。若超限,则进入步骤(14);反之,进入步骤(9)。

(9) 判断网关连接是否存在。若有网关连接,则进入步骤(10);反之,则进入步骤(14)。

(10) 发送命令。

(11) 发送次数加 1。

(12) 判断命令队列是否有相同命令。若有,则进入步骤(14);反之,进入步骤(13)。

(13) 重新把命令放入命令队列。然后进入步骤(2)。

(14) 删除命令。然后进入步骤(2)。

(15) 结束线程。

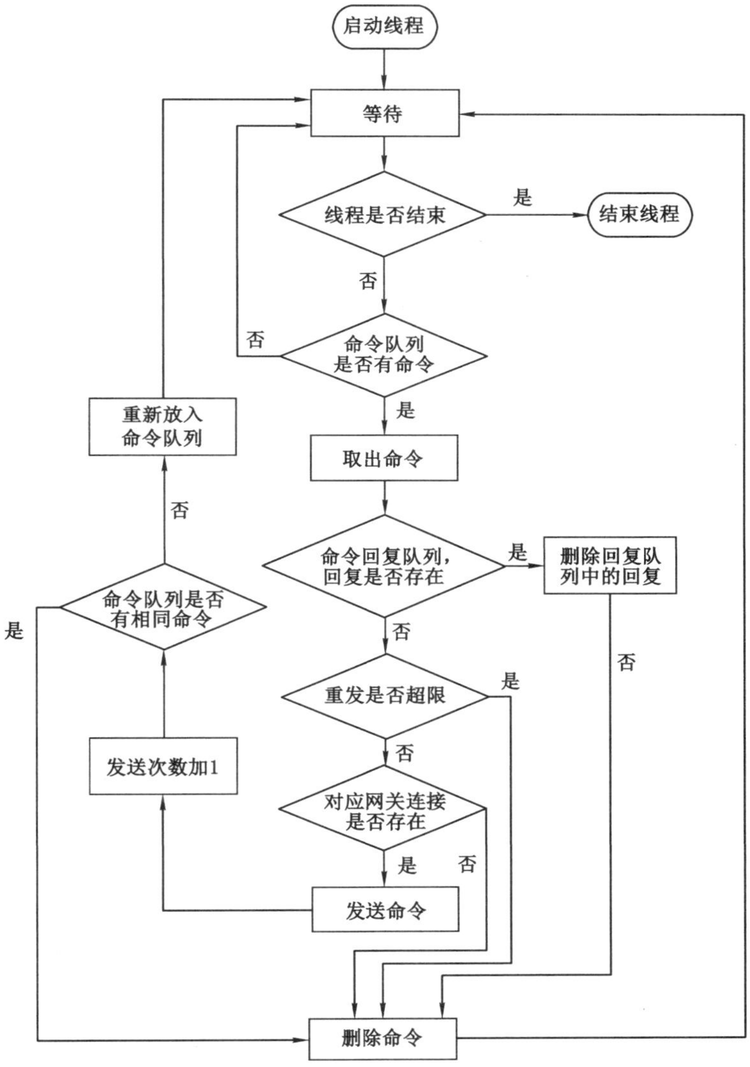

图 3-12 控制命令传输流程图

其中,步骤(12)是为了保证命令队列中的各种命令具有唯一性。这是因为在步骤(2)～(14)执行过程中,会有其他工作线程把新产生的命令放入命令队列。

3.3.4 数据丢包问题

在工业无线传感网传输中，丢包是无法避免的现象。笔者所在课题组研究发现，节点与网关间的传输最容易出现数据包丢失现象，而由于网关与网络服务器间的传输协议是 TCP/IP，较少出现丢包。因此，在节点与网关数据传输环节，设计了补包机制(2.4.2 小节)。但是在特殊条件下仍会有丢包问题存在。在网络服务器环节，数据的丢失至少会引出两个问题：补包问题和控制命令重发问题。解决方案如图 3-13 所示，通信协议格式见图 2-2。

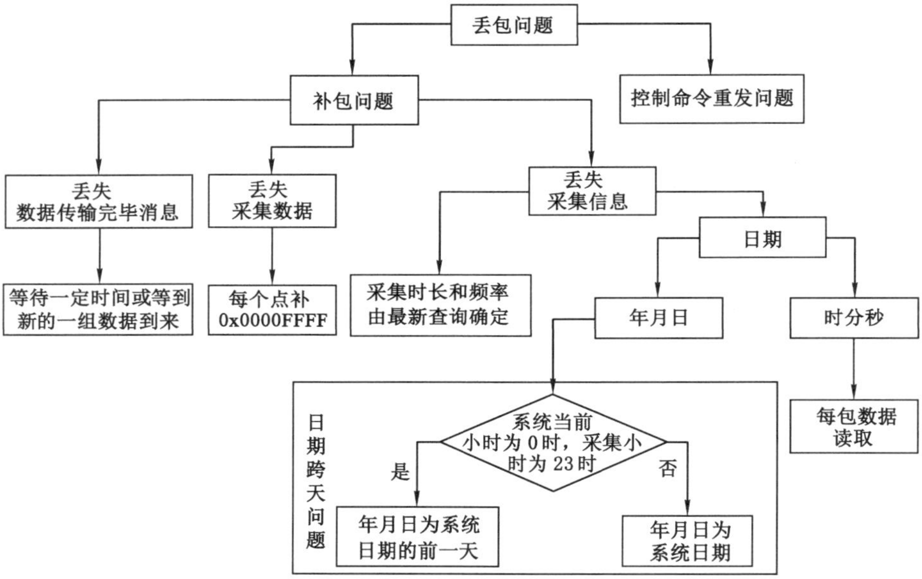

图 3-13 丢包问题解决方案

补包问题可分为丢失数据传输完毕消息、丢失采集数据、丢失采集信息三种情况。若丢失数据传输完毕消息，接收的一组数据会等待一定时间或等到同一传感器发送新的采集数据到来，这时保存已经接收的一组数据。若丢失采集数据，就依据约定规则计算出每个丢失点位置并补上“0x0000FFFF”。若丢失了第一包数据，意味着丢失了采集信息，因为每组采集数据中的第一包含有采集时长、采集频率和采集时间等信息。采集时长和采集频率依据最新一次查询所得确定。采集时间中的时分秒可从每包采集数据中获取。年月日信息的确定相对复杂，需要考虑到凌晨跨天情况。依据当前小时与采集小时的关系，若当前小时为 0 时且采集小时为 23 时，则年月日为系统日期的前一天；否则，年月日可由系统日期确定。

控制命令重发问题的解决可参考3.3.3小节中控制命令传输机制。

3.4 本章小结

网络通信是监测系统中重要的组成部分，但是在有关监测系统的文章中鲜有分析报道。本章主要工作如下：

（1）针对WSN网络拓扑结构变化大和数据并发传输问题，提出了基于排队论的负载自适应的前摄式服务器算法，充分利用操作系统的异步机制，处理多连接和大数据请求，实现了系统设计时的性能评估和运行时的配置优化调整。

（2）构建多传感节点网络任务并发处理的数据传输框架，开发了负载自适应的网络服务器软件，解决了传输过程中数据丢包问题，实现了传输数据的实时接收保存、控制参数的下发和上传等多种功能。

4 基于贝叶斯理论的小波包降噪方法

4.1 引　言

机械设备数据多呈非高斯特性,无清晰的数学表达形式。在此情况下,如何利用贝叶斯小波包降噪算法程序化地降噪数据,需要从算法推导过程、小波解压缩层级和降噪评估三方面进行逐一分析。为此,本章提出了一个新的贝叶斯小波包降噪准则,可以实现程序化地降噪数据。

4.2 贝叶斯小波包降噪

4.2.1 MMSE

时域信号 $y(t_i)$ 由两部分数据组成,分别是实验数据 $x(t_i)$ 和噪声数据 $\varepsilon(t_i)$:

$$y(t_i)=x(t_i)+\varepsilon(t_i),i=1,2,\cdots,2^J \tag{4-1}$$

噪声 $\varepsilon(t_i)$ 是一个独立同分布(independent and identically distributed,IID)的随机向量。降噪目的是从污染的测量数据 $y(t_i)$ 中获取真实值 $x(t_i)$。

利用 MMSE 方法可以评估初始值 x:

$$\hat{x}=\arg\min_{\hat{x}}(E[(x-\hat{x})^2]) \tag{4-2}$$

式中,$\hat{x}$ 是 x 的估计值。假定 $\hat{x}$ 可严格求导,式(4-2)可转化为下式:

$$\frac{\mathrm{d}}{\mathrm{d}\hat{x}}E[(x-\hat{x})^2]=0 \tag{4-3}$$

推导出 x 的贝叶斯 MMSE 估计值 $\hat{x}$:

$$\hat{x}_i=\frac{\sum_k x_k P_\varepsilon(y_i-x_k)P_x(x_k)}{\sum_k P_\varepsilon(y_i-x_k)P_x(x_k)} \tag{4-4}$$

式中,P_x 和 P_ε 代表变量 x 和 ε 的先验分布。本书中,x_k 代表区间[2× min

(Y)，$2\times\max(Y)$]中总数为 2^{J+1} 的第 k 个等间隔点。

4.2.2　小波包解压缩

小波包系数可划分成尺度函数和小波函数两部分。在离散小波包变换(discrete wavelet packet transform,DWPT)中,尺度函数和小波函数分别由矢量 $s_j(k)$ 和 $w_j(k)$ 表示。经过逆小波包变换,可重构出测量值 $y(t_i)$：

$$y(t_i)=\sum_{k\in Z}\sum_{j\in Z}[s_j(k)\varphi_{j,k}(t_i)+w_j(k)\psi_{j,k}(t_i)] \tag{4-5}$$

式中,$\varphi_{j,k}(t_i)$ 和 $\psi_{j,k}(t_i)$ 代表母小波。$s_j(k)$ 和 $w_j(k)$ 可由解压缩系数 m_{jk} 统一表示。

4.2.3　贝叶斯 DWPT 降噪方法

DWPT 可把 $x(t_i)$ 和 $\varepsilon(t_i)$ 解压成一系列小波系数 g_{jk} 和 ε_{jk}。因此,m_{jk} 能够表示为：

$$m_{jk}=g_{jk}+\varepsilon_{jk},\ j=0,\cdots,J-1;k=0,1,\cdots,2^j-1 \tag{4-6}$$

降噪的目的是获取初始系数 g。然后,通过逆小波变换可获取时域数据 $y(t_i)$。获取的机械振动数据通常展现出非高斯特性。由式(4-4)和式(4-6),可推导出如下公式来处理非高斯数据：

$$\hat{g}_{jk}=\frac{\sum_i g_{ji}P_\varepsilon(m_{jk}-g_{ji})P_g(g_{ji})}{\sum_i P_\varepsilon(m_{jk}-g_{ji})P_g(g_{ji})},\ k=0,1,\cdots,2^j-1 \tag{4-7}$$

式中,g_{ji} 代表第 j 层解压缩层级区间在[$2\times\min(m_j)$,$2\times\max(m_j)$]的第 i 个等间隔点,i 从 0 到 2 倍的矢量 $\boldsymbol{M}$ 的长度。如果已知解压缩系数的先验分布 P_g 和 P_ε,可推出系数的后验贝叶斯 MMSE 估计值。由式(4-5),可重构出降噪数据。若是正交小波变换,可采用 $x(t_i)$ 和 $\varepsilon(t_i)$ 的概率密度函数(pdfs)作为先验分布 P_g 和 P_ε。

4.2.4　基于伯努利-高斯混合先验分布贝叶斯小波包降噪

如果数据中信噪比较低,使用阈值法降噪的效果并不理想。这是因为阈值的选取是建立在评估所有小波系数的基础上的,如果信号中噪声较多,且非常集中,会使得选取的阈值偏大,会把很多真实值剔除掉。为此,姜孝谟等[46]提出利用贝叶斯方法来缩小小波系数,以弥补硬阈值和软阈值滤波方法的不足。在所推荐的贝叶斯方法中,设计了一个捕捉小波膨胀的先验知识。该先验是两种分布的混合先验：

$$d_{jk}\mid\gamma_{jk}\sim N(0,\gamma_{jk}\tau_j^2) \tag{4-8}$$

式中，γ_{jk}是一个伴有独立伯努利分布 π_j 的二项式变量，如 $P(\gamma_{jk}=1)=1-P(\gamma_{jk}=0)=\pi_j 0$。它决定了系数 d_{jk} 是可忽略的($\gamma_{jk}=0$)或是重要的($\gamma_{jk}=1$)。方差 τ_j^2 代表第 j 分解水平的 d_{jk} 序列的方差。

基于贝叶斯准则，第 j 分解水平下的 d_{jk} 在条件 σ_j^2 下的后验分布如下：

$$P(d_{jk}\mid\gamma_{jk},\hat{d}_{jk},\sigma_j^2)=\frac{P(\hat{d}_{jk}\mid d_{jk},\sigma_j^2)P(d_{jk}\mid\gamma_{jk})}{P(\hat{d}_{jk},\gamma_{jk})}$$

$$=\frac{\dfrac{1}{\sigma_j\sqrt{2\pi}}\exp\left(-\dfrac{(\hat{d}_{jk}-d_{jk})^2}{2\sigma_j^2}\right)\dfrac{1}{\sqrt{\gamma_{jk}}\tau_j\sqrt{2\pi}}\exp\left(-\dfrac{d_{jk}^2}{2\gamma_{jk}\tau_j^2}\right)}{\dfrac{1}{\sqrt{\gamma_{jk}\tau_j^2+\sigma_j^2}\sqrt{2\pi}}\exp\left(-\dfrac{\hat{d}_{jk}}{2(\gamma_{jk}\tau_j^2+\sigma_j^2)}\right)}$$

$$=\frac{\sqrt{\sigma_j^2+\gamma_{jk}\tau_j^2}}{\sqrt{\gamma_{jk}}\tau_j\sigma_j}\sqrt{2\pi}\exp\left(-\frac{\left(d_{jk}-\dfrac{\gamma_{jk}\tau_j^2}{\sigma_j^2+\gamma_{jk}\tau_j^2}\hat{d}_{jk}\right)^2}{\dfrac{\gamma_{jk}\tau_j^2\sigma_j^2}{\sigma_j^2+\gamma_{jk}\tau_j^2}}\right) \tag{4-9}$$

或者

$$d_{jk}\mid\gamma_{jk},\hat{d}_{jk},\sigma_j^2\sim N\left(\gamma_{jk}\frac{\tau_j^2}{\sigma_j^2+\gamma_{jk}\tau_j^2}\hat{d}_{jk},\gamma_{jk}\frac{\sigma_j^2\tau_j^2}{\sigma_j^2+\gamma_{jk}\tau_j^2}\right) \tag{4-10}$$

从而推出 d_{jk} 在条件 σ_j^2 下的后验分布：

$$d_{jk}\mid\hat{d}_{jk},\sigma_j^2\sim P(\gamma_{jk}=1\mid\hat{d}_{jk},\sigma_j^2)N\left(\frac{\tau_j^2}{\sigma_j^2+\tau_j^2}\hat{d}_{jk},\frac{\sigma_j^2\tau_j^2}{\sigma_j^2+\tau_j^2}\right)+P(\gamma_{jk}=0\mid\hat{d}_{jk},\sigma_j^2)N(0,0) \tag{4-11}$$

而

$$P(\gamma_{jk}=1\mid\hat{d}_{jk},\sigma_j^2)=\frac{P(\hat{d}_{jk}\mid\gamma_{jk}=1)P(\gamma_{jk}=1)}{P(\hat{d}_{jk})}$$

$$=\frac{P(\hat{d}_{jk}\mid\gamma_{jk}=1)P(\gamma_{jk}=1)}{P(\hat{d}_{jk}\mid\gamma_{jk}=1)P(\gamma_{jk}=1)+P(\hat{d}_{jk}\mid\gamma_{jk}=0)P(\gamma_{jk}=0)}$$

$$=\frac{1}{1+\dfrac{P(\hat{d}_{jk}\mid\gamma_{jk}=0)P(\gamma_{jk}=0)}{P(\hat{d}_{jk}\mid\gamma_{jk}=1)P(\gamma_{jk}=1)}} \tag{4-12}$$

令 $W_{ij}=\dfrac{P(\hat{d}_{jk}\mid\gamma_{jk}=0)P(\gamma_{jk}=0)}{P(\hat{d}_{jk}\mid\gamma_{jk}=1)P(\gamma_{jk}=1)}$，则：

$$W_{ij}=\frac{N(0,\sigma_j^2)(1-\pi_j)}{N(0,\sigma_j^2+\tau_j^2)\pi_j}=\frac{1-\pi_j\sqrt{\sigma_j^2+\tau_j^2}}{\sigma_j}\exp(-\frac{\tau_j^2\hat{d}_{jk}^2}{2\sigma_j^2(\sigma_j^2+\tau_j^2)}) \quad (4\text{-}13)$$

使用贝叶斯假设检验，逐次评估第 j 分辨率下的每个小波系数。如果$W_{ij}<1$，即 $P(\gamma_{jk}=1|\hat{d}_{jk}\sigma_j^2)>50\%$，则 $d_{jk}=\hat{d}_{jk}$；否则，$d_{jk}=0$。最后，$f(x_i)$的估计 $\hat{f}(x_i)$能够在已经调整过的系数 $\hat{d}_{jk}$基础上被重构。

在本书中，$\pi_j=0.5$，标准差 τ_j 等于小波系数 $\hat{d}_{jk}$的最大值。把 $\hat{d}_{jk}$中位数除以 0.674 5 作为第 j 分辨率下小波系数的平均值，计算出标准差 σ_j。

4.2.5　小波解压缩层级

在小波分析中，如何选取合理的解压缩层级非常重要。如果选取的层级较低，噪声会和真实值混合在一起；如果解压缩层级较高，真实值将会分散到每一个小波系数中。两者要么造成不充分降噪，要么造成过度降噪。研究人员已经得出小波系数会呈现出簇特性[148]。少量小波系数会持有大部分信息，有大的幅值；其余大量小波系数幅值几乎等于零。它们的概率分布呈现出非高斯特性。合理的解压缩层级应该使得真实值的小波系数大部分等于零，噪声的小波系数尽可能不为零。这样可以把真实值影响的小波系数和噪声影响的小波系数尽量分隔开。

通过研究先验信号在每一层的概率密度特征，我们可以选取合理的解压缩层级。依据这种思路，本书提出两种选取指标：

$$K_j=\frac{\sum_i(|m_{ji}|-\overline{m}_j)^4}{N\times\sigma_j^2}\quad i=1,2,\cdots,N \quad (4\text{-}14)$$

$$S_j=\frac{\sum_i(|m_{ji}|-\overline{m}_j)^3}{N\times\sigma_j^{1.5}}\quad i=1,2,\cdots,N \quad (4\text{-}15)$$

式中，K_j 和 S_j 分别代表第 j 层级小波系数的鞘度和偏度；N 代表小波系数长度；$\overline{m}_j$ 和σ_j 分别代表小波系数序列 m_j 的绝对值的均值和方差。K_j 和 S_j 越大意味着大部分小波系数等于零，一些小波系数保有大部分信息。若两种随机变量具有相同的统计特征，则它们的每层小波系数概率分布也具有相似性。这样，我们就可以在降噪前选取理想的解压缩层级。

4.2.6　降噪评估

一般由信噪比（signal-to-noise ratio，SNR）来评估降噪效果。信噪比可表示为：

$$S_{\mathrm{SNR}}=\log 10\left(\frac{\sum_{i=1}^{N}[x(t_i)]^2}{\sum_{i=1}^{N}[y(t_i)-x(t_i)]^2}\right) \tag{4-16}$$

式中,S_{SNR}为 SNR 值。SNR 值越大,噪声含量越小。这意味着如果 SNR 值大于真实 SNR 值,部分噪声将被认作有效信息;如果 SNR 值小于真实 SNR 值,部分有效信息将被认作噪声。两者会造成不充分降噪或过度降噪。合理的评估应该是降噪后的 SNR 值越接近真实 SNR 值,降噪效果越好。但是,真实的 SNR 值是未知的。这样就陷入一个逻辑陷阱中。由于要研究结构的物理现象是已知的,如果降噪后数据反映的物理现象能够被解释,也就说明降噪效果较好,降噪方法可行。

4.3 降噪算法的仿真评估

4.3.1 机械仿真信号

为了比较本书推荐的贝叶斯小波包降噪方法的有效性,下面分析一种机械仿真信号。信号由两种谐波调制一个指数衰减的脉冲组成。

$$x(t)=\begin{cases}\exp(\alpha t_0)[2\sin(2\pi f_1 t)+1.5\sin(2\pi f_2 t)] & 2\ \mathrm{ms}\leqslant t\leqslant 8\ \mathrm{ms}\\ 0 & 0\ \mathrm{ms}\leqslant t<2\ \mathrm{ms}\end{cases} \tag{4-17}$$

式中,$\alpha=800$ Hz,$t_0=\mathrm{mod}(t,1/f_m)$,$f_m=100$ Hz,载波频率 $f_1=3\ 000$ Hz,$f_2=8\ 000$ Hz,$T=1/25\ 000$ s。图 4-1(a)显示了一个周期(8 ms)的采样信号。图 4-1(b)显示了相应的频谱。

4.3.2 先验信息

机械振动信号的功率谱密度在零值附近呈现出峰值特征。A.Hyvarinen[149]提出可用下式描述这种信号的功率谱密度:

$$P(s)=\frac{1}{2d}\frac{(\alpha+2)[\alpha(\alpha+1)/2]^{\frac{\alpha}{2}+1}}{[\sqrt{\alpha(\alpha+1)/2}+|s/d|]^{\alpha+3}} \tag{4-18}$$

式中,d 代表标准差,α 是一种控制概率密度函数稀疏性的参数。图 4-1 中,脉冲信号的标准差 $d=0.3$。图 4-2 描述了图 4-1 信号的功率谱密度函数。另外,图 4-2还绘出了 $d=0.3$,$\alpha=0.15$ 或 0.3 时几种功率谱密度函数。从图中能够看出可用 $\alpha=0.15$ 来表示脉冲的功率谱密度。

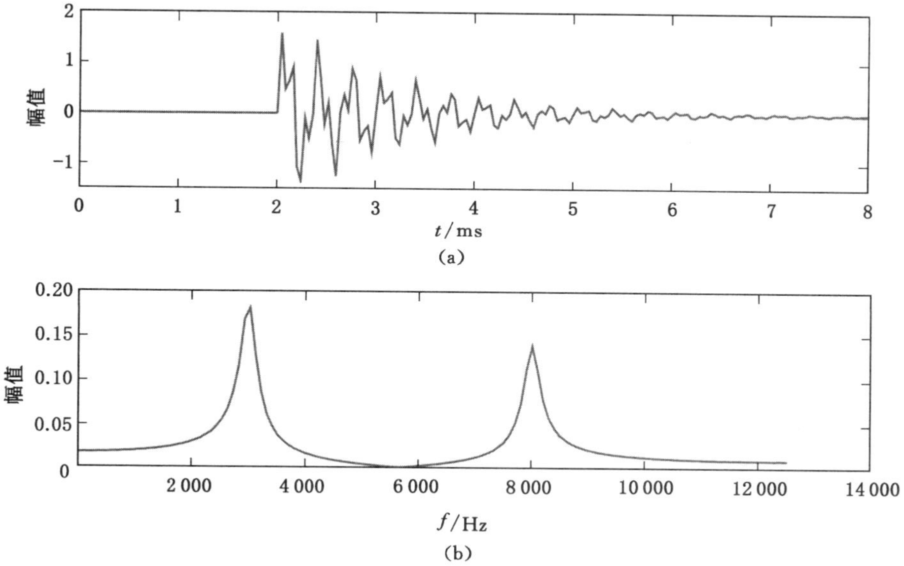

图 4-1 仿真信号

(a) 时域信号;(b) 相应频谱

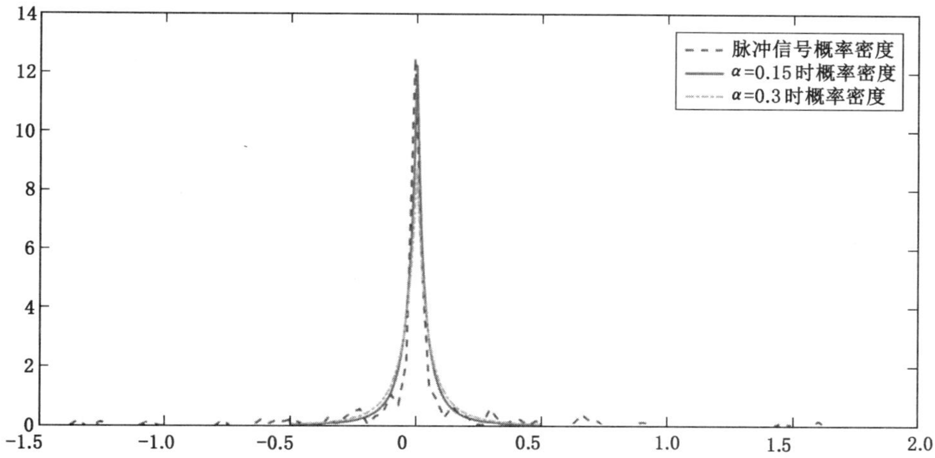

图 4-2 脉冲信号和稀疏分布间的比较

4.3.3 高斯白噪声

把高斯白噪声添加进脉冲信号，如图 4-3(a)所示。噪声的均值和方差分别是 0 和 0.5。噪声数据完全覆盖了时域振动特征。图 4-3(b)显示了相应的频率谱。想要分辨出载波频率非常困难。依据式(4-16)，信号的 SNR 值等于−0.75 dB。

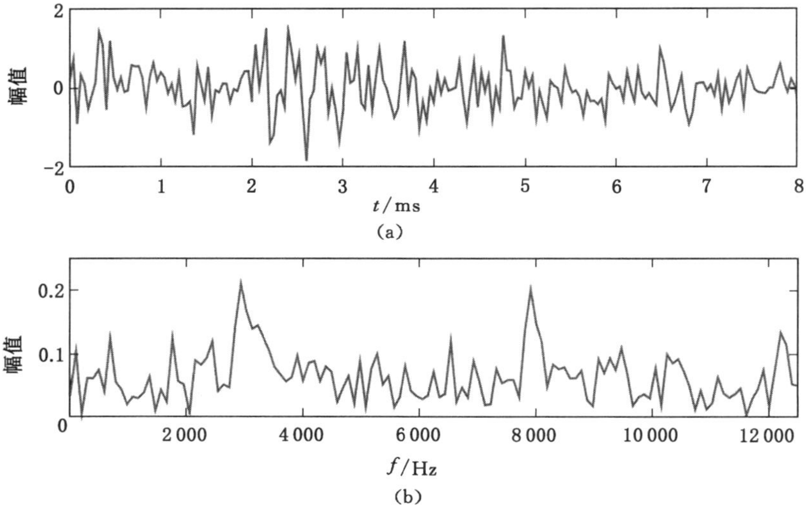

图 4-3 伴有严重高斯噪声的脉冲信号($S_{SNR}=-0.75$ dB)

(a) 时域信号；(b) 频率谱

4.3.3.1 *解压缩层级*

基小波的选择非常重要。基小波与脉冲信号越相似，脉冲信号信息越能集中在少量小波系数上。本书选取 db4 小波作为母小波。第一步是确定零值附近的概率密度函数，以便选取解压缩层级。图 4-4(a)显示了不同分解层级脉冲信号小波解压缩系数概率密度曲线。在第 5 层级，小波系数大部分集中在零值附近。图 4-4(b)显示了白噪声 $N(0,0.5)$小波解压缩系数概率密度曲线。随着解压缩层级增加，零值附近的概率密度函数越来越大。但是，每一解压缩层中，图 4-4(b)中的概率密度最大值明显小于图 4-4(a)中概率密度最大值。这说明脉冲信号的小波解压缩系数比白噪声的小波解压缩系数展现出更明显的簇特性。也就说明了脉冲信号在二者混合后的簇特性中占有支配位置。依据式(4-14)和式(4-15)，可以获得图 4-3(a)中数据的鞘度 K 和偏度 S。图 4-5 分别展示了每层小波系数的 K 值和 S 值。在分解到第四层级时，K 值和 S 值分别达到最大值。因此，合理的解压缩层级应该是第四层。

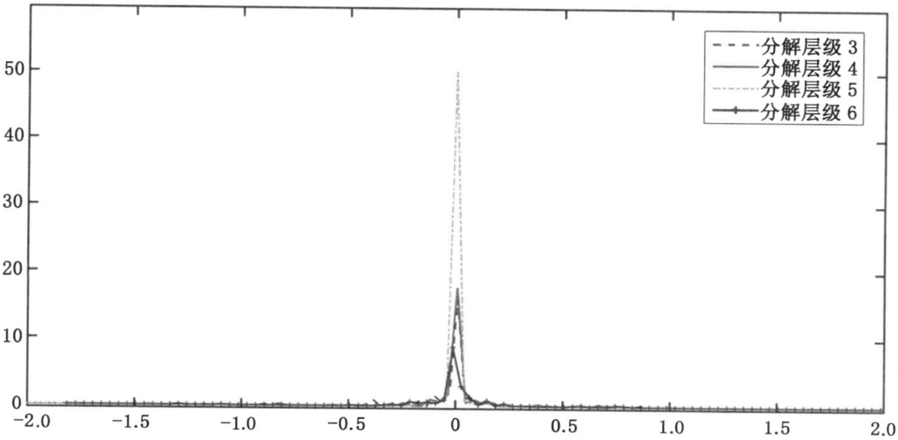

(a)

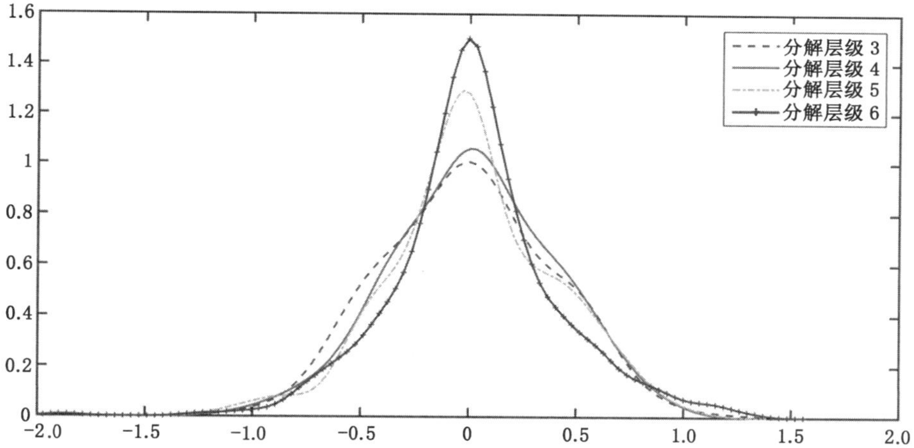

(b)

图 4-4　小波系数的概率密度

(a) 脉冲信号；(b) 白噪声 $N(0,05)$

4.3.3.2　降噪评估

(1) 不同方法间的比较

本书选取另外两种降噪方法处理上述含噪声脉冲信号：一种方法是伯努利-高斯混合先验分布方法；另一种是传统 MMSE 方法[即式(4-4)]。混合先验独立伯努利分布概率是 0.4，高斯分布标准差等于每层小波系数的最大值。由

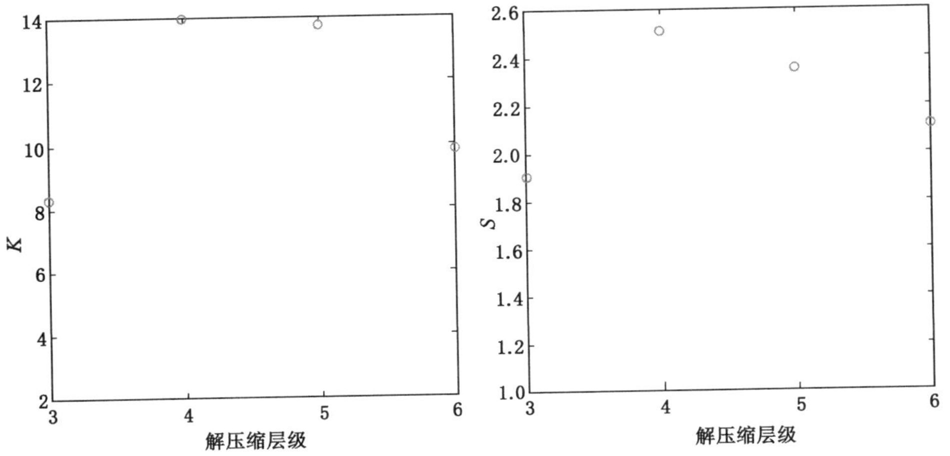

图 4-5　在不同解压缩层级中的 K 值和 S 值

式(4-18)给出传统 MMSE 方法先验分布，其中 $d=0.3$，$\alpha=0.15$。对含噪信号降噪后的时域数据在图 4-6(a)和图 4-7(a)中显示，相应的频率谱在图 4-6(b)和图 4-7(b)中显示。由图可以看出降噪后数据仍然有强烈干扰，降噪后的信号形状完全不同于初始信号形状。使用传统 MMSE 方法输出的 SNR 值是 −2.92 dB，远小于真实 SNR 值 −0.75 dB。混合分布降噪方法的降噪效果也不甚理想，这可归因于采用的先验分布不能精确地描述非高斯振动信号。

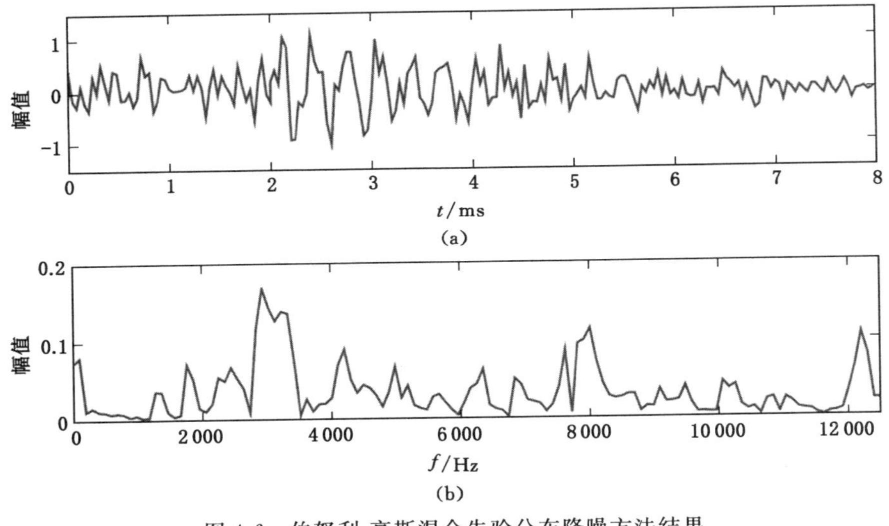

图 4-6　伯努利-高斯混合先验分布降噪方法结果

(a) 降噪信号($S_{SNR}=-1.19$ dB)；(b) 频率谱

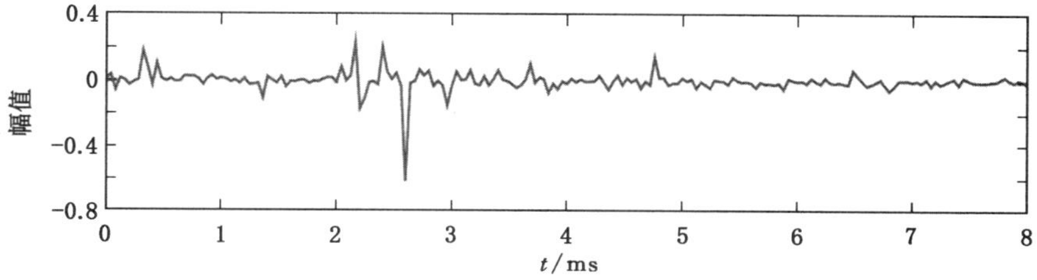

(a)

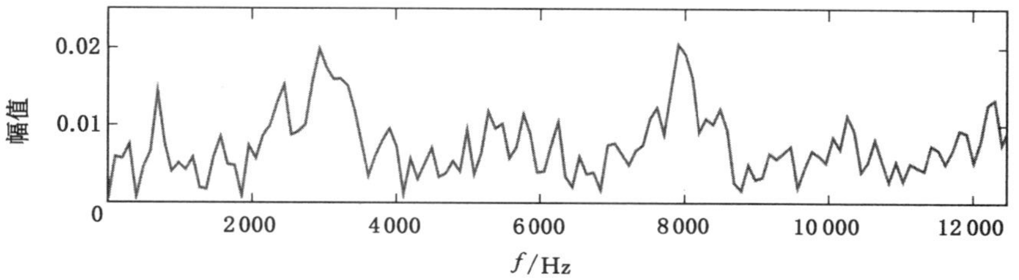

(b)

图 4-7 传统 MMSE 降噪方法结果
(a) 降噪信号($S_{SNR}=-2.92$ dB);(b) 频率谱

采用推荐贝叶斯 DWPT 降噪方法降噪相同的脉冲信号,参数设置与传统 MMSE 方法相同。图 4-8 显示了降噪结果。特征频率在频率谱[图 4-8(b)]中占有主要地位,非常容易被识别出来。降噪后的信号也接近于初始信号,信噪比等于−0.98 dB,也接近于真实信噪比(−0.75 dB)。比较这三种方法的降噪结果,可知使用推荐的贝叶斯 DWPT 降噪方法降噪后的数据能够更好地保留波形,也更容易识别特征频率。

(2) 不同解压缩层级间的比较

图 4-9 和图 4-10 显示了采用第四和第五解压缩层级时采用推荐贝叶斯 DWPT 方法的降噪效果。它们的信噪比分别是−1.56 dB 和−1.28 dB,低于在第四分解层级时的信噪比−0.98 dB。时域波形也没有更近似于真实波形。这些均说明第四分解层级是合理的分解层级。这是因为在第四分解层级时真实值和噪声的小波系数差别最大。

4.3.4 非高斯白噪声

把非高斯噪声添加进脉冲信号。噪声的均值和方差分别是 0 和 0.5,如图 4-11所示。

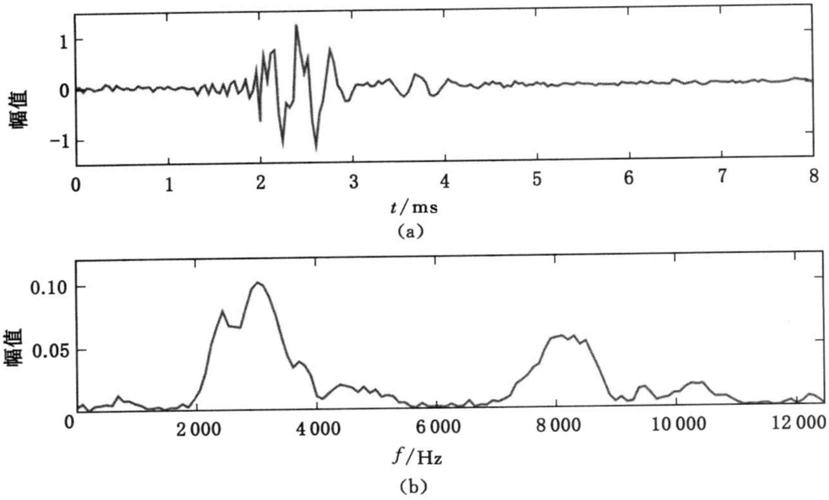

图 4-8 推荐贝叶斯 DWPT 降噪方法在第四解压缩层级时的降噪信号

(a) 降噪信号($S_{SNR}=-0.98$ dB);(b) 频率谱

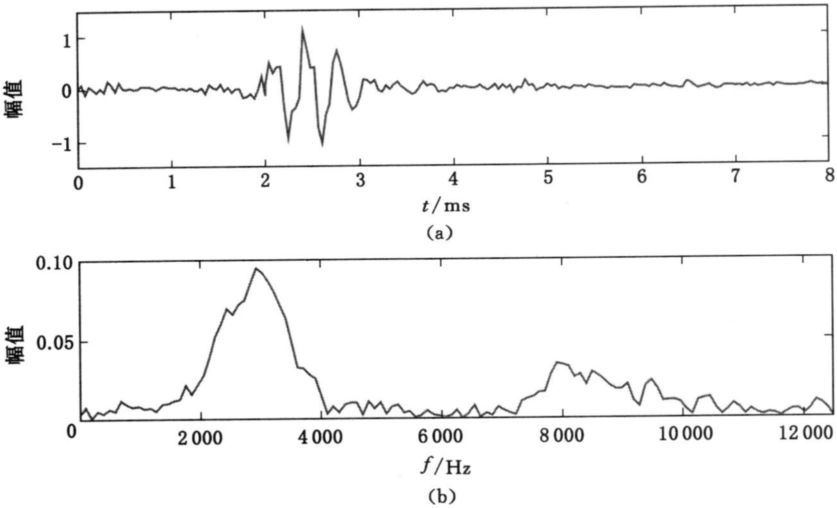

图 4-9 推荐贝叶斯 DWPT 降噪方法在第三解压缩层级时的降噪信号

(a) 降噪信号($S_{SNR}=-1.56$ dB);(b) 频率谱

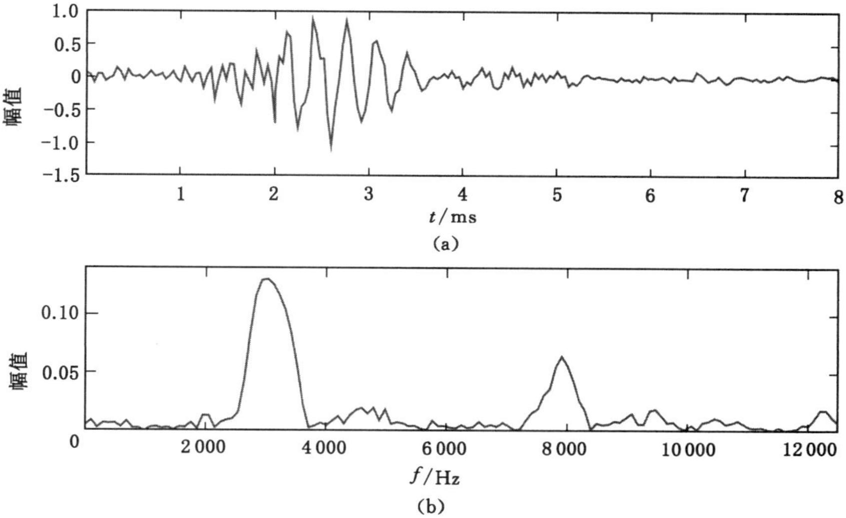

图 4-10 推荐贝叶斯 DWPT 降噪方法在第五解压缩层级时的降噪信号

(a) 降噪信号($S_{SNR}=-1.28$ dB);(b) 频率谱

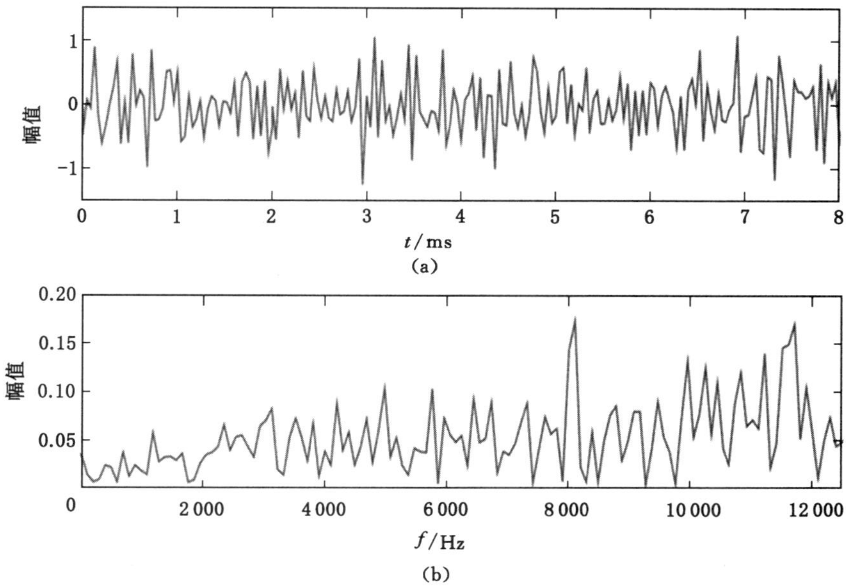

图 4-11 非高斯噪声

(a) 时域信号;(b) 频率谱

4.3.4.1　*解压缩层级*

图 4-12(a)是添加噪声后的时域图，由图可见噪声数据完全覆盖了时域振动特征。图 4-12(b)显示了相应的频率谱。依据式(4-16)，信号的 SNR 值等于－0.84 dB。

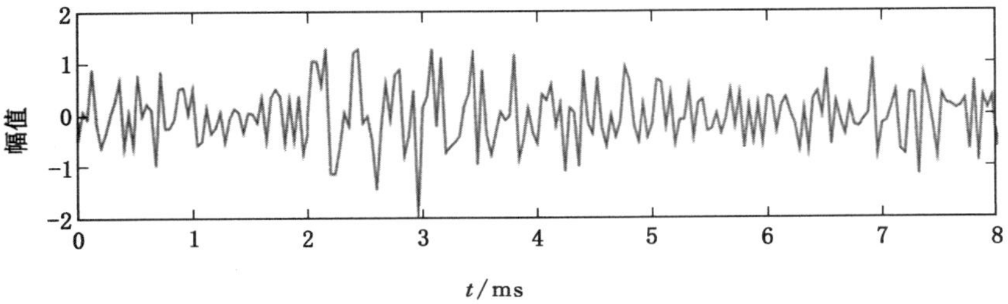

(a)

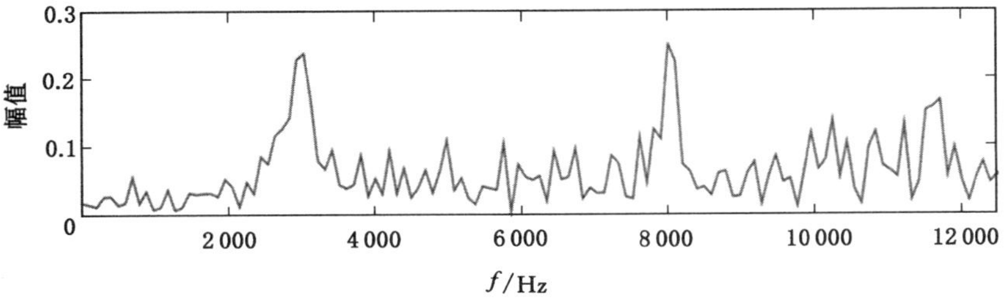

(b)

图 4-12　伴有严重非高斯噪声的脉冲信号

(a) 时域信号(S_{SNR}＝－0.84 dB)；(b) 频率谱

图 4-13 分别展示了每层的 K 值和 S 值。在分解到第五层级时，K 值和 S 值分别达到最大值。因此，合理的解压缩层级应该是第五层。

4.3.4.2　*降噪评估*

图 4-14、图 4-15 和图 4-16 分别显示了采用第四、五、和六解压缩层级时采用推荐贝叶斯 DWPT 方法的降噪效果。它们的信噪比分别是－1.44 dB，－1.21 dB和－1.83 dB。相比图 4-14(a)和图 4-16(a)，图 4-15(a)所示时域波形更近似于真实波形，对应的特征频率也非常明显。这些均说明第五分解层级是合理的分解层级。这是因为在第五层级时真实值和噪声的小波系数差别最大。

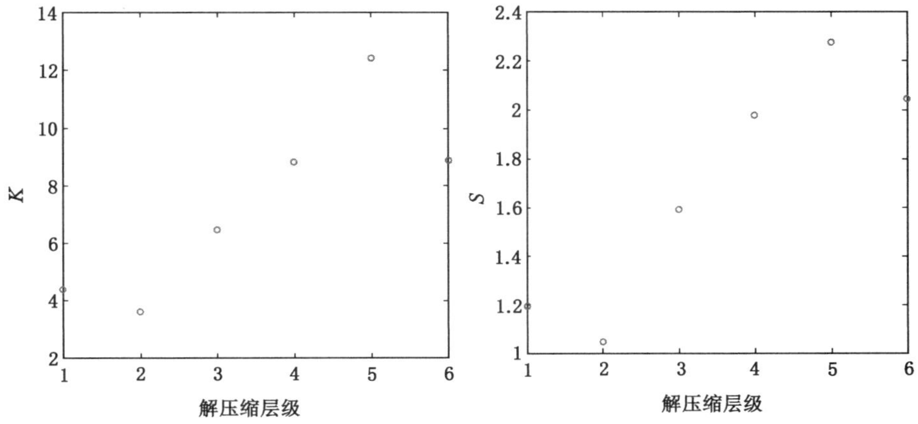

图 4-13　在不同解压缩层级中的 K 值和 S 值

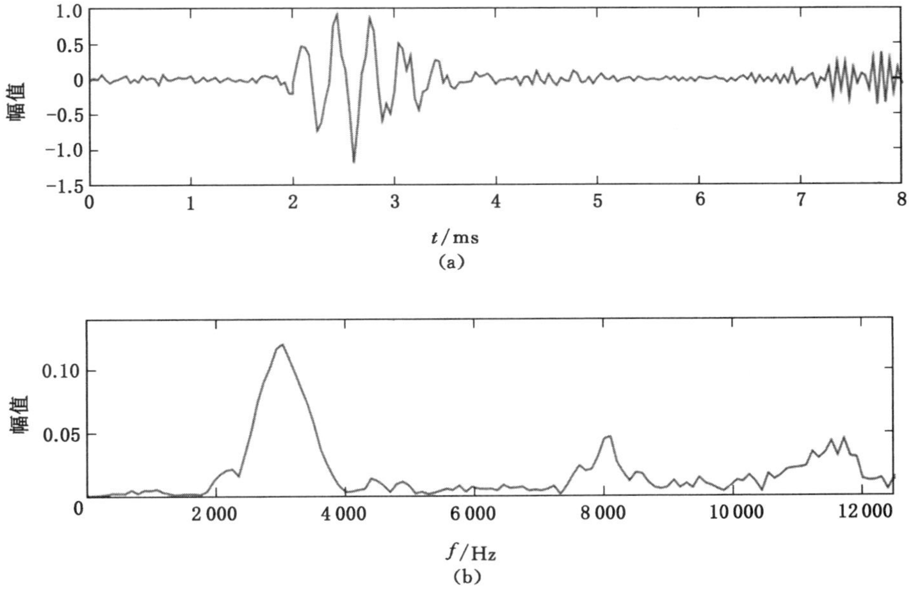

图 4-14　推荐贝叶斯 DWPT 降噪方法在第四解压缩层级时的降噪信号

(a) 降噪信号($S_{SNR}=-1.44$ dB);(b) 频率谱

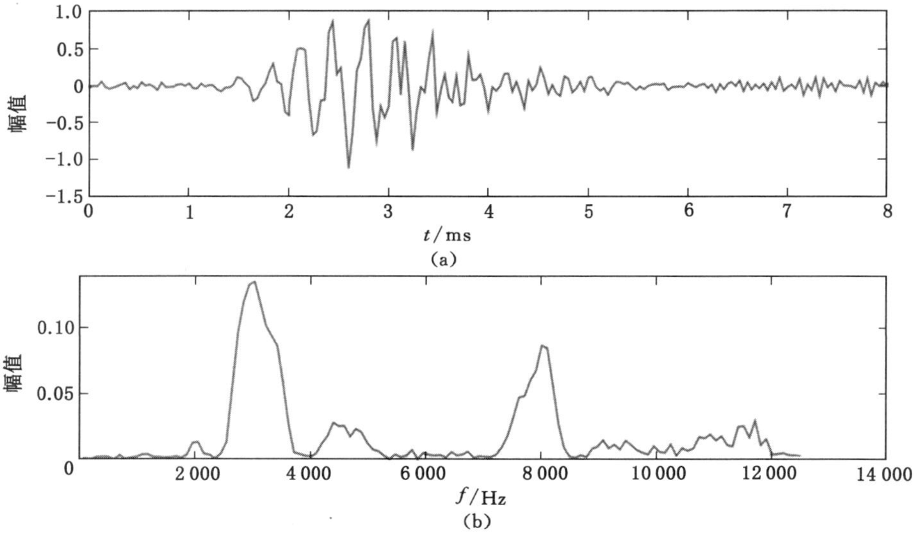

图 4-15　推荐贝叶斯 DWPT 降噪方法在第五解压缩层级时的降噪信号

(a) 降噪信号($S_{SNR}=-1.21$ dB);(b) 频率谱

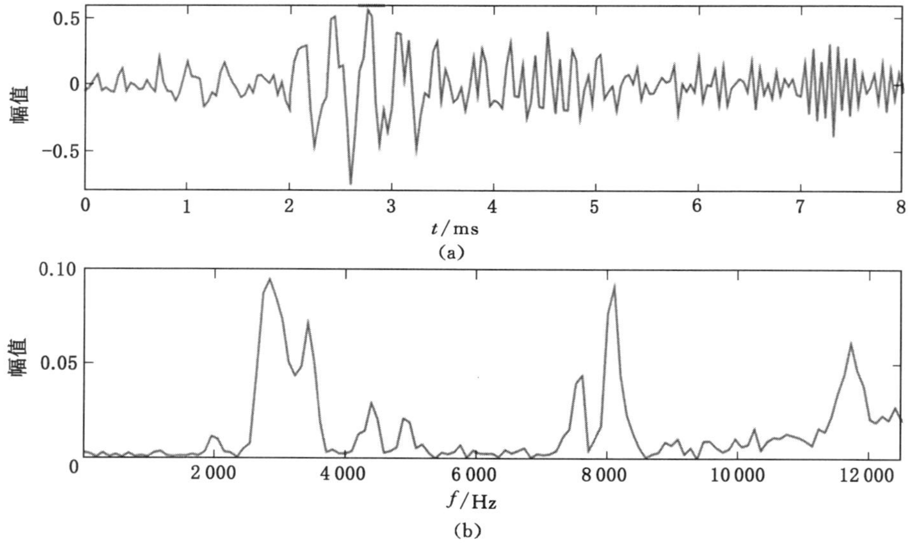

图 4-16　推荐贝叶斯 DWPT 降噪方法在第六解压缩层级时的降噪信号

(a) 降噪信号($S_{SNR}=-1.83$ dB);(b) 频率谱

4.4 高铁钢轨扣件状态识别研究

采用锤击实验来研究不同工况下钢轨振动特征，如图 4-17 所示。噪声源来自轨温和轨道电流作用，它们均会严重干扰加速度传感器工作。一次锤击的频率为 0.1 Hz；连续锤击间的时间间隔为 10 s。加速度传感器固定在钢轨测量点顶部，可以采取垂向振动。采样频率是 10.24 kHz。扣件扭矩在 0 N・m 或 120 N・m时，扣件分别处于松或紧状态。服役钢轨轨温在－40～＋70 ℃变化。由于受轨温控制系统限制，只能模拟 10～80 ℃的轨温。当测试扣件处于紧状态，轨温 10 ℃且无轨道电流干扰时，从测量点获取初始振动信号，如图 4-18(a)所示。相应频率谱显示在图 4-18(b)中。当测试扣件在松状态且其余扣件处于紧状态时，设定轨温为 80 ℃，钢轨中有电流干扰，进行锤击实验获取测量点垂向加速度，如图 4-19(a)所示，其频率谱如图 4-19(b)所示。由于噪声干扰，不能从频率谱识别出松扣件的特征频率。

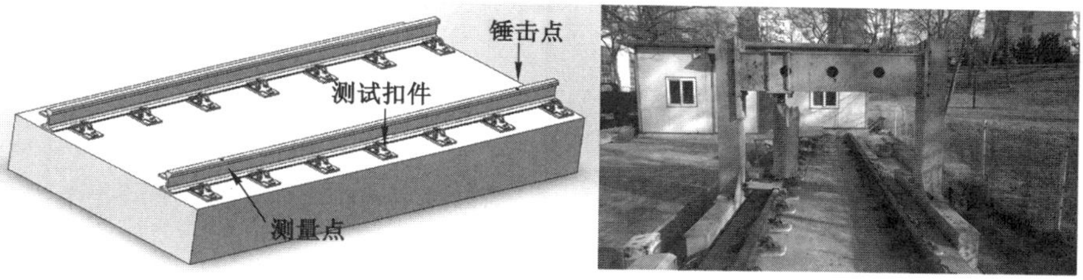

图 4-17　扣件状态识别实验

因为钢轨被扣件牢牢地固定在地上，钢轨振动能量将很快衰减到零。这也就是说一些加速度信号值应该为零。在图 4-19(a)中，在区间 0～0.03 s 间真实的振动值应该在零附近。因为噪声干扰，采样值不为零。据此可以估算出噪声的均值和方差分别为 0 和 2 g。

4.4.1 方法间的比较

使用推荐贝叶斯 DWPT 降噪方法降噪采样数据，并获取相应的特征频率。当优化参数 $d=2.19$，$\alpha=0.09$ 和解压缩层级为第四时，降噪结果如图 4-20 所示。图 4-20(a)显示出在区间 0～0.03 s 时振动值大约为零，这说明已经剔除大部分噪声。由于松扣件引出的特征频率大约为 330 Hz[图 4-20(b)]。

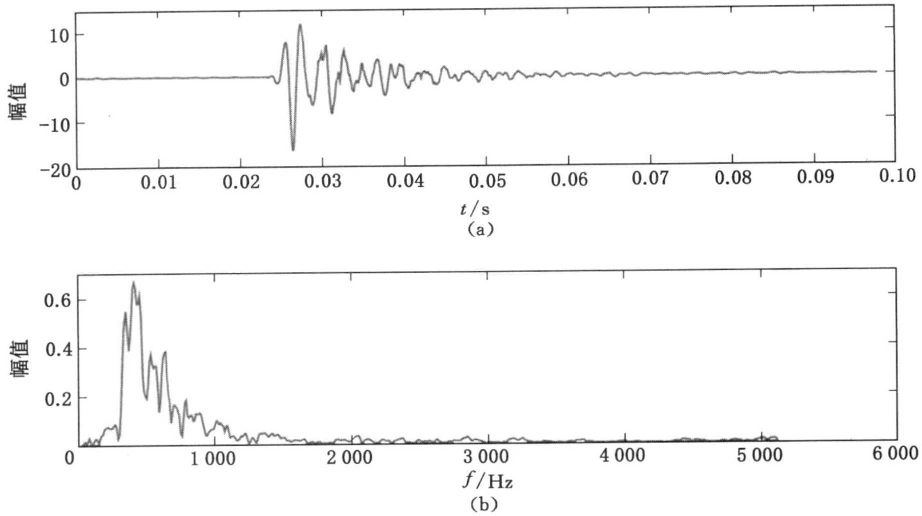

图 4-18　当扣件处于紧状态时，测量点处响应信号

(a) 无噪声干扰的振动信号；(b) 频率谱

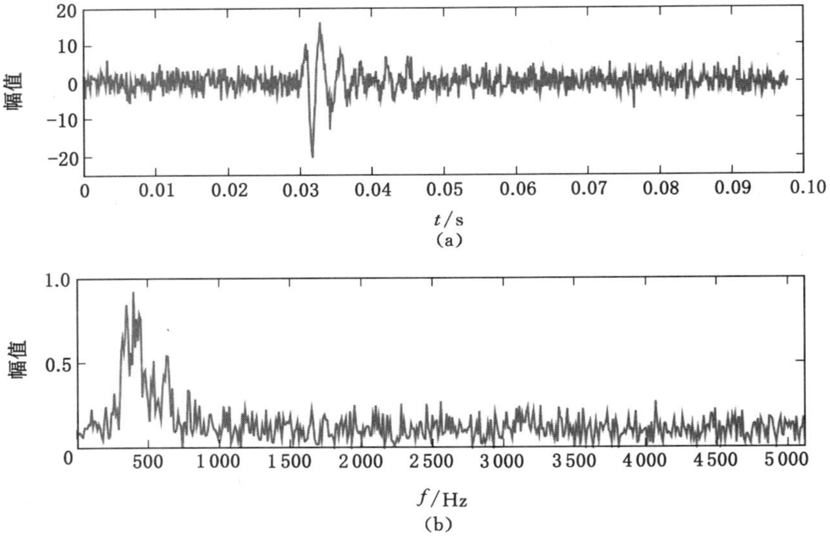

图 4-19　当扣件处于松状态时，测量点处响应信号

(a) 含噪声的振动数据；(b) 频率谱

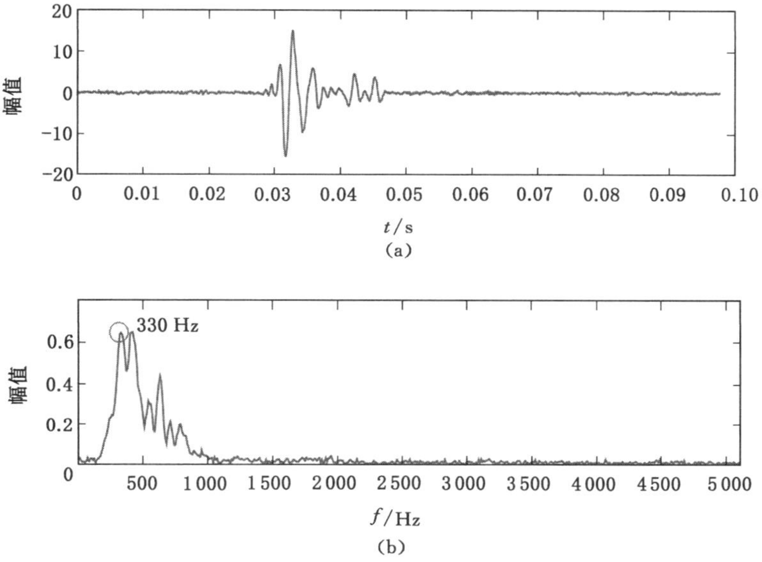

图 4-20　推荐贝叶斯 DWPT 降噪方法

(a) 降噪信号($S=_{SNR}=0.17$ dB);(b) 频率谱

使用前述两种方法降噪图 4-19(a)中振动数据。独立伯努利分布的概率为 0.4,高斯分布的标准差等于每层小波系数的最大值,解压缩层级为七。传统 MMSE 方法参数设置和前述一致。图 4-21 和图 4-22 分别展示了两种方法的优化降噪结果,很明显存在强干扰,也不能够提取特征频率。此外,降噪后区间 0～0.03 s 振动值不等于零。这些都说明推荐贝叶斯 DWPT 降噪方法在获取时域波形和提取特征频率方面具有更好的性能表现。

4.4.2　解压缩层级间的比较

根据式(4-14)和式(4-15),可以程序化地选取最优解压缩层级。针对图 4-19(a)中数据,选取的解压缩层级为第四。出于比较目的,图 4-23 和图 4-24 展示了在第三和第五解压缩层级的降噪结果。降噪信号的信噪比等于 −0.22 dB,少于图 4-20 中的信噪比 0.17 dB。图 4-23(b)和图 4-24(b)显示出一些噪声数据被认为了有效信息。这些都说明第四解压缩层级是最优层级。

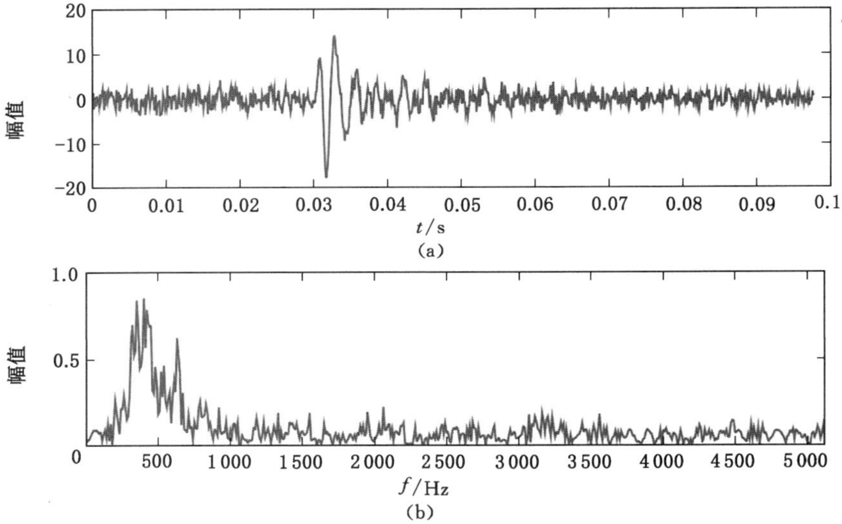

图 4-21　伯努利-高斯混合先验分布降噪方法

(a) 降噪信号(S_{SNR}=4.49 dB);(b) 频率谱

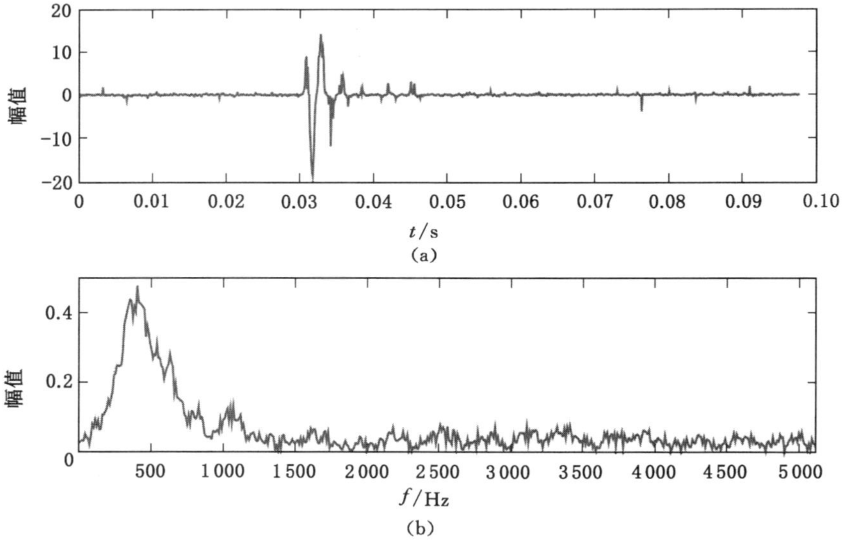

图 4-22　传统 MMSE 方法结果

(a) 降噪信号(S_{SNR}=−0.28 dB);(b) 频率谱

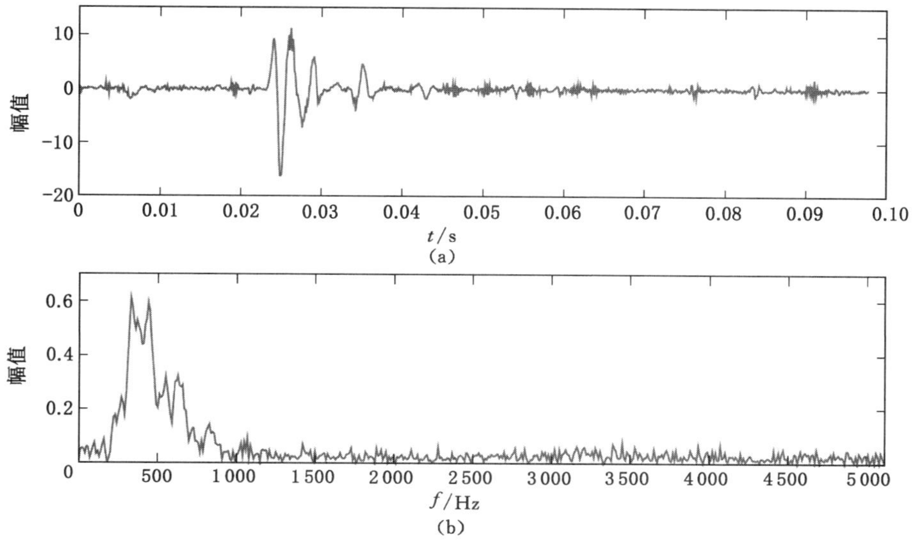

图 4-23 推荐贝叶斯 DWPT 降噪方法在第三解压缩层级降噪信号

(a) 降噪信号($S_{SNR}=-0.22$ dB);(b) 频率谱

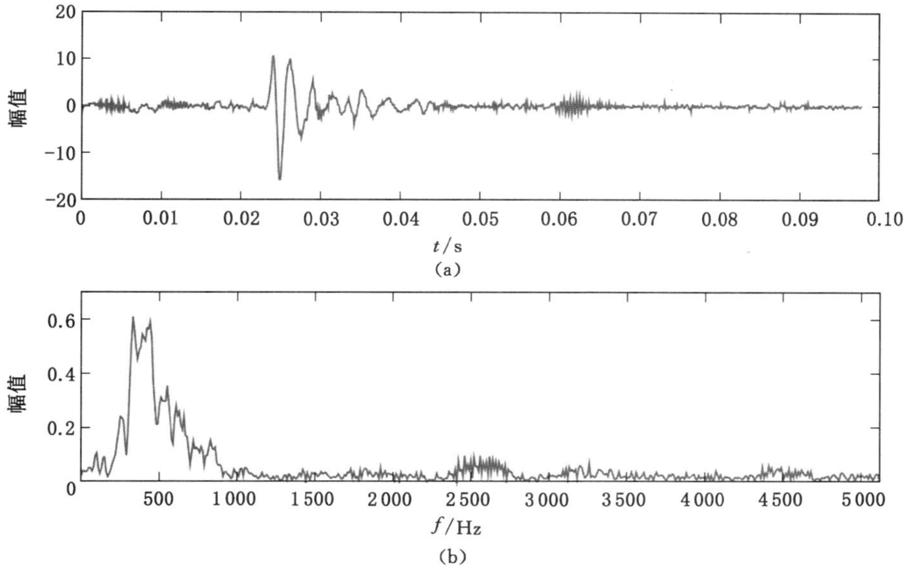

图 4-24 推荐贝叶斯 DWPT 降噪方法在第五解压缩层级降噪信号

(a) 降噪信号($S_{SNR}=-0.22$ dB);(b) 频率谱

4.5 本章小结

本章提出了一个新颖的贝叶斯小波包降噪方法，可用于机械设备监测弱信息识别。该方法包含贝叶斯小波包降噪算法、解压缩层级和降噪结果评估。仿真与实验均显示该方法具有优良的鲁棒性和降噪性能。

其优良的性能可归于如下两种原因：① 推荐的先验分布能够更好地描述真实信号的特征；② 合理的解压缩层级能够充分利用小波系数的簇特征，使得真实信号和噪声的小波系数差别最大。

该方法有如下优点：① 如果需要，可以采用任意一种先验模型；② 解压缩层级的选择过程可程序化实现，从而摆脱人为控制。因此，该方法能够用来有效地降噪数据，为后续的数据分析做好准备。

5 测量离散钢轨中的轴向力

5.1 引　言

高速铁路钢轨通常由无缝钢轨构成。无缝钢轨(continuous welded rail, CWR)降低了车轮对钢轨的磨损,提高了高速列车运行的稳定性。但是,无缝钢轨长达数公里至数百公里,常年暴露在野外,承受的温差非常大,会产生很大的温度力。此外,它们被扣件牢牢固定在轨枕上,处于超静定状态。钢轨内部的温度力得不到完全释放,常年积累温度应力会达到很大值,极易造成无缝线路跑道或折断,危及列车行车安全。为此,如何测量钢轨内部的轴向力一直是一个重要的研究课题。

由于钢轨-扣件是一个系统,忽略扣件对钢轨的作用,仅研究钢轨的自由振动与实际工况不符。为此,本章建立了基于欧拉梁的离散钢轨动力学模型,考虑到了轨枕对钢轨的支撑作用,获得频域中钢轨加速度数学表达式。研究了轴向力对钢轨-扣件系统固有频率的影响规律。

5.2 含有轴向力的离散支撑钢轨动力学微分方程

5.2.1 含有轴向力的伯努利-欧拉梁动力学微分方程

伯努利-欧拉梁模型假设中心线 $u(x,t)$ 的变形量很小且只产生横向变形。设梁长为 $\mathrm{d}x$,抗弯刚度为 EI,单位长度质量为 m,内部阻尼为 C_{d},受到轴向压力 F_{N} 和竖直载荷 $q(x)$ 作用,$M(x)$ 为弯矩,V 为剪力,θ 为 $\mathrm{d}x$ 长度梁的弯曲角度。受力分析如图 5-1 所示。

由于 $\theta \to 0$,则有:

$$\sin\theta \approx \frac{\partial u}{\partial x} \tag{5-1}$$

利用达朗贝尔原理列平衡方程,得到其动力学方程为:

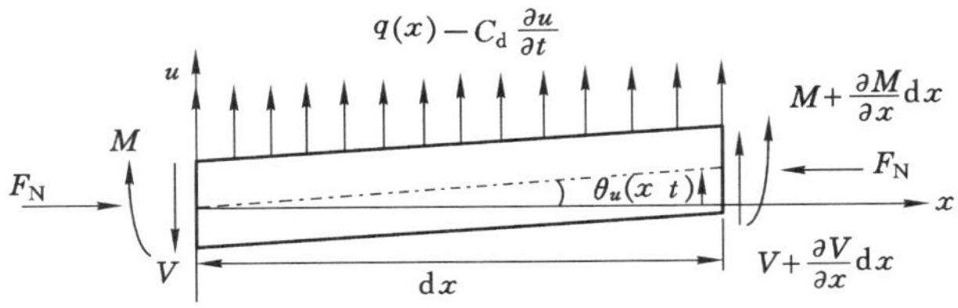

图 5-1　含有轴向力的欧拉梁受力分析

$$EI\frac{\partial^4 u}{\partial x^4}+m\frac{\partial^2 u}{\partial t^2}+F_N\frac{\partial^2 u}{\partial x^2}+C_d\frac{\partial u}{\partial t}=q(x) \tag{5-2}$$

5.2.2　受冲击作用的钢轨动力学微分方程

假定钢轨每跨长度为 L_s,轨枕数为 N(N 为偶数)。在 $N/2$ 和 $N/2+1$ 轨枕中间受到冲击力 $p_0(t)$作用。轨枕简化为一个弹簧-阻尼结构。第 m 个轨枕对钢轨的支撑力为 $b_m(t)$。K_p 和 D_p 表示刚度和阻尼,如图 5-2 所示。初始时刻钢轨处于平衡状态,不考虑重力作用。当冲击力较小时,不考虑地基振动。

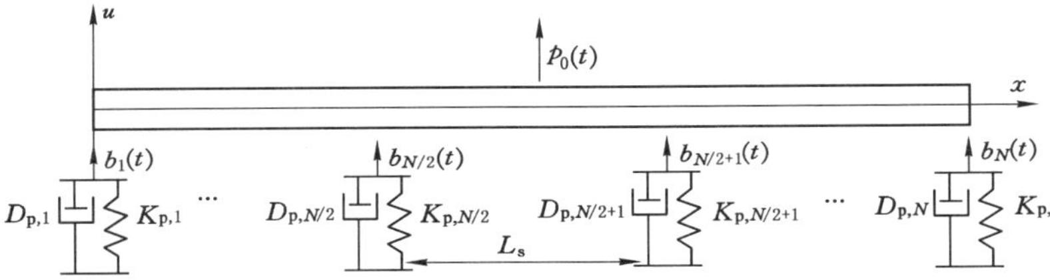

图 5-2　离散支撑钢轨受力分析

冲击力坐标 x_p 为:

$$x_p=\frac{NL_s}{2}-\frac{L_s}{2} \tag{5-3}$$

其动力学方程为:

$$EI\frac{\partial^4 u}{\partial x^4}+m\frac{\partial^2 u}{\partial t^2}+F_N\frac{\partial^2 u}{\partial x^2}+C_d\frac{\partial u}{\partial t}=p_0(t)\delta(x-x_p)+\sum_{m=1}^{N}b_m(t)\delta(x-x_m) \tag{5-4}$$

式中,C_d 为一个趋近于 0 的数。

5.2.3　轨枕受力分析

扣件连接轨枕和钢轨。轨枕和钢轨间的动力学响应可由一个弹簧-阻尼系统模拟。通过受力分析，力 $b_i(t)$ 可由下式表示：

$$b_i(t) = -u(x_i, t)K_p - \frac{\partial u(x_i, t)}{\partial t}D_p, i = 1, 2, \cdots, N \tag{5-5}$$

如果某个扣件被松开，轨枕和钢轨间没有动力学响应。力 $b_i(t)$ 等于零。

定义复傅里叶变换如下所示：

$$u^{x,t}(\beta, \omega) = \int_{-\infty}^{\infty}\int_{-\infty}^{\infty} u(x, t)\mathrm{e}^{-i\beta x}\mathrm{e}^{-i\omega t}\mathrm{d}x\mathrm{d}t \tag{5-6}$$

$$u(x, t) = \frac{1}{2\pi}\int_{-\infty}^{\infty}\int_{-\infty}^{\infty} u^{x,t}(\beta, \omega)\mathrm{e}^{-i\beta x}\mathrm{e}^{-i\omega t}\mathrm{d}\beta\mathrm{d}\omega \tag{5-7}$$

式中，(β, ω) 为 (x, t) 从空间域变换到频率域相对应的变量。

5.3 求解问题

5.3.1 钢轨方程求解

利用式(5-6)对式(5-4)进行复傅里叶变换：

$$(EI\beta^4 - m\omega^2 - F_N\beta^2 + iC_d\omega)u^{x,t}(\beta, \omega) = p_0^t(\omega)\mathrm{e}^{-i\beta x_p} + \sum_{m=1}^{N} b_m^t(\omega)\mathrm{e}^{-i\beta x_m} \tag{5-8}$$

式中，C_d 是一个趋近于 0 的数。

定义

$$u^{x,t}(\beta, \omega) = F^{x,t}(\beta, \omega)G^{x,t}(\beta, \omega) \tag{5-9}$$

其中

$$F^{x,t}(\beta, \omega) = p_0^t(\omega)\mathrm{e}^{-i\beta x_p} + \sum_{m=1}^{N} b_m^t(\omega)\mathrm{e}^{-i\beta x_m} \tag{5-10}$$

$$G^{x,t}(\beta, \omega) = \{EI\beta^4 - m\omega^2 - F_N\beta^2 + iC_d\omega\}^{-1} \tag{5-11}$$

使用式(5-7)在式(5-10)执行逆傅里叶变换，使得 $F^{x,t}(\beta, \omega) \to F^t(x, \omega)$：

$$\begin{aligned} F^t(x, \omega) &= \frac{1}{2\pi}\int_{-\infty}^{\infty}\left\{p_0^t(\omega)\mathrm{e}^{-i\beta x_p} + \sum_{m=1}^{N} b_m^t(\omega)\mathrm{e}^{-i\beta x_m}\right\}\mathrm{e}^{i\beta x}\mathrm{d}\beta \\ &= \frac{1}{2\pi}\int_{-\infty}^{\infty}\{p_0^t(\omega)\mathrm{e}^{-i\beta x_p}\}\mathrm{e}^{i\beta x}\mathrm{d}\beta + \frac{1}{2\pi}\int_{-\infty}^{\infty}\left\{\sum_{m=1}^{N} b_m^t(\omega)\mathrm{e}^{-i\beta x_m}\right\}\mathrm{e}^{i\beta x}\mathrm{d}\beta \end{aligned} \tag{5-12}$$

使用式(5-7)在式(5-11)执行逆傅里叶变换，使得 $G^{x,t}(\beta, \omega) \to G^t(x, \omega)$。依据留数理论，当 $C_d \to 0$ 时，$G^t(x, \omega)$ 的表达式如下：

$$G^t(x, \omega) = \lim_{C_d \to 0}\frac{1}{2\pi}\int_{-\infty}^{\infty} G^{x,t}(\beta, \omega)\mathrm{e}^{i\beta x}\mathrm{d}\beta$$

$$= \lim_{C_d \to 0} \frac{1}{2\pi} \int_{-\infty}^{\infty} \{EI\beta^4 - m\omega^2 - F_N\beta^2 + iC_d\omega\}^{-1} e^{i\beta x} d\beta$$

$$= \frac{1}{\sqrt{2}\sqrt{F_N^2 + 4EIm\omega^2}} \left(-\Omega_1 e^{-\frac{|x|}{\sqrt{2}\Omega_1}} - i\Omega_2 e^{-\frac{i|x|}{\sqrt{2}\Omega_2}}\right) \tag{5-13}$$

式中，$\Omega_1 = \sqrt{\frac{EI}{-F_N + \sqrt{F_N^2 + 4EIm\omega^2}}}$，$\Omega_2 = \sqrt{\frac{EI}{F_N + \sqrt{F_N^2 + 4EIm\omega^2}}}$。

使用式(5-7)对式(5-9)执行逆傅里叶变换，使得 $u^{x,t}(\beta,\omega) \to u^t(x,\omega)$。依据卷积定理：

$$u^t(x,\omega) = F^t(x,\omega) \times G^t(x,\omega)$$

$$= p_0^t(\omega) G^t(x - x_p, \omega) + \sum_{m=1}^{N} b_m^t(\omega) G^t(x - x_m, \omega) \tag{5-14}$$

对于离散支撑下的钢轨，根据式(5-14)在轨枕支撑处的位移为：

$$u^t(x_i,\omega) = p_0^t(\omega) G^t(x - x_p, \omega) + \sum_{m=1}^{N} b_m^t(\omega) G^t(x - x_m, \omega) \quad i = 1,2,\cdots,N \tag{5-15}$$

式(5-15)用矩阵形式表示为：

$$\boldsymbol{U} = \boldsymbol{GB} + \boldsymbol{F} \tag{5-16}$$

其中，

$$G = [G_{i,m}]$$

$$\boldsymbol{U} = [u^t(x_1,\omega), u^t(x_2,\omega), \cdots, u^t(x_N,\omega)]^T$$

$$G_{i,m} = G^t(x_i - x_m, \omega) \quad i,m = 1,2,\cdots,N$$

$$\boldsymbol{B} = [b_1^t(\omega), b_2^t(\omega), \cdots, b_N^t(\omega)]^T$$

$$\boldsymbol{F} = p_0^t(\omega)[G^t(x_1 - x_p, \omega), G^t(x_2 - x_p, \omega), \cdots, G^t(x_N - x_p, \omega)]^T$$

5.3.2 轨枕方程求解

对式(5-5)进行复傅里叶变换：

$$b_i^t(\omega) = u^t(x_i,\omega)(-K_p - i\omega D_p) \tag{5-17}$$

因此，离散的轨枕处的位移为：

$$u^t(x_i,\omega) = -\frac{1}{K_p + i\omega D_p} b_i^t(\omega) \quad i = 1,2,\cdots,N \tag{5-18}$$

式(5-18)用矩阵形式表示为：

$$\boldsymbol{U} = \boldsymbol{HB} \tag{5-19}$$

其中，$\boldsymbol{H} = -\frac{1}{K_p + i\omega D_p}\boldsymbol{I}$，$\boldsymbol{I}$ 为单位矩阵。

联立式(5-16)和式(5-19)，可得到轨枕和钢轨间相互作用力 $\boldsymbol{B}$ 的表达式：

$$(\boldsymbol{G} - \boldsymbol{H})\boldsymbol{B} = -\boldsymbol{F} \tag{5-20}$$

利用高斯消元法即可得到 $\boldsymbol{B}$ 的解，代入钢轨的位移表达式(5-14)，即可求得频域中钢轨的振动解。在时域中的解可通过逆傅里叶变换 $\omega \rightarrow t$ 得到。

钢轨振动加速度的表达式为：

$$a(x,t)=\frac{\partial^2 u(x,t)}{\partial t^2} \tag{5-21}$$

频域中钢轨振动加速度的表达式为：

$$a^t(x,\omega)=-\omega^2 u^t(x,\omega)=-\omega^2\{p_0^t(\omega)G^t(x-x_p,\omega)+\sum_{m=1}^{N} b_m^t(\omega)G^t(x-x_m,\omega)\} \tag{5-22}$$

5.3.3 求解步骤

在实际计算中，任意点的垂向加速度 $a^t(x,\omega)$ 可以由以下步骤得到。

(1) 利用公式(5-6)对冲击力 $p_0(t)$ 进行傅里叶变换得到 $p_0^t(\omega)$；

(2) 利用式(5-20)求解离散支撑轨枕的支撑力 $b_m^t(\omega)$；

(3) 利用式(5-22)可求出某点加速度频域表达式 $a^t(x,\omega)$。

5.4 钢轨振动特性分析

5.4.1 含有轴向力钢轨动力学模型验证

钢轨型号是 CHN60 钢轨。结构参数如表 5-1 所示[1]。钢轨长 25 m，有 40 个扣件，如图 5-3 所示。钢轨一边自由，一边与墙连接。首先，松开扣件，直到扭矩等于零。其次，在 24 h 后，拧紧扣件直到扭矩为 120 N·m。钢轨中的轴向力可认为为零。

表 5-1 钢轨结构参数

结构	参数	值
钢轨	弹性模量 E/Pa	2.059×10^{11}
	密度 ρ/(kg·m^{-3})	7 800
	横截面面积 A/m^2	7.745×10^{-3}
	垂向惯性矩 $\boldsymbol{I}$/m^4	3.217×10^{-5}
	热膨胀系数 K_t/(m·℃$^{-1}$)	1.18×10^{-5}
扣件	垂向刚度 K_p/(N·m^{-1})	2×10^7
	垂向阻尼 D_p/(N·s·m^{-1})	7.5×10^4
	扣件间距 L_s/m	0.62

图 5-3　测试钢轨

在整个钢轨中间位置进行锤击实验。锤击力时程曲线与对应频域曲线如图 5-4所示。在第 19 和 20 跨间的钢轨跨中位置，钢轨垂向加速度频域如图 5-5所示。理论与实验峰值对应频率分别是 1 134.38 Hz 和 1 131 Hz。说明两种方法所得结果极为相似。

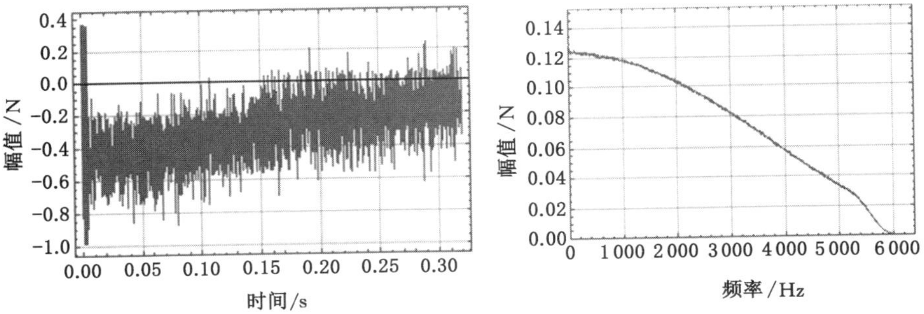

(a)　　(b)

图 5-4　锤击实验时程曲线与频域图

(a) 时域图;(b) 频率谱

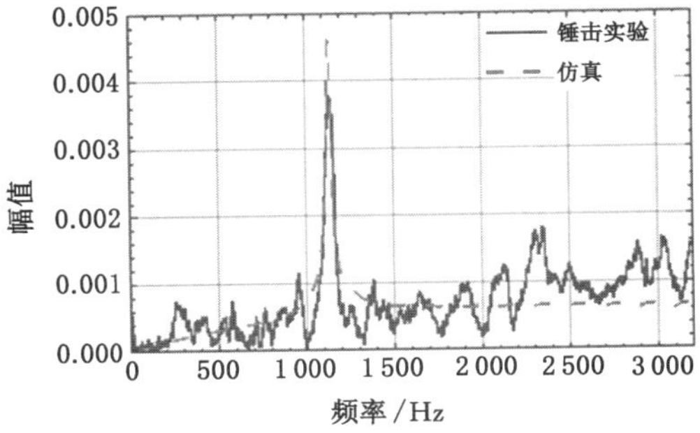

图 5-5　两种方法垂向加速度频域对比图

假定钢轨长度不同，分别含有 10 个、20 个、30 个和 40 个扣件。由理论所得的频域图如图 5-6 所示。当钢轨包括 30 个或 40 个扣件时，相应的频谱图非常相似。这说明随着钢轨长度增加，所得频域图趋向稳定。当激励力不变时，通过研究有限长度的钢轨振动，可以预测超长钢轨的振动特性。

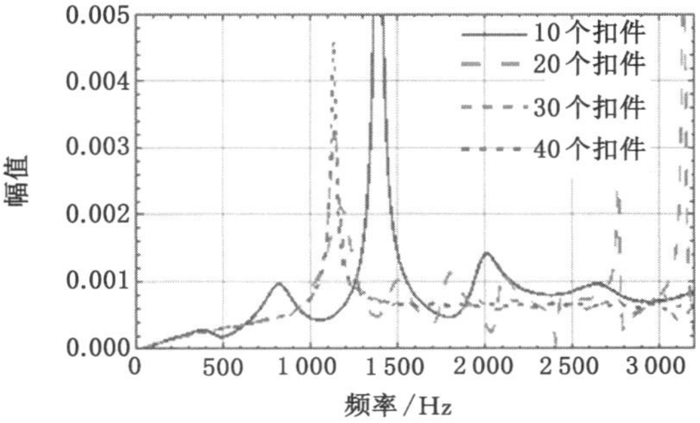

图 5-6　相同激励力和不同轨长情况下，垂向加速度频谱图

5.4.2　不同工况下钢轨振动特性

如图 5-5 所示，钢轨结构在 1 130 Hz 处振动剧烈，占用了大部分振动能量，影响到其他频率带分析。为了解决这个问题，使用如下锤击力进行分析：

$$p_0^t = \begin{cases} -6\ 000\ 000t & 0 \leqslant t < 0.01 \\ 6\ 000\ 000t - 120\ 000 & 0.01 \leqslant t \leqslant 0.02 \\ 0 & \text{其他} \end{cases} \tag{5-23}$$

图 5-7 展示了锤击力时程曲线与频域图。能够激发出 0～1 000 Hz 各种频率。

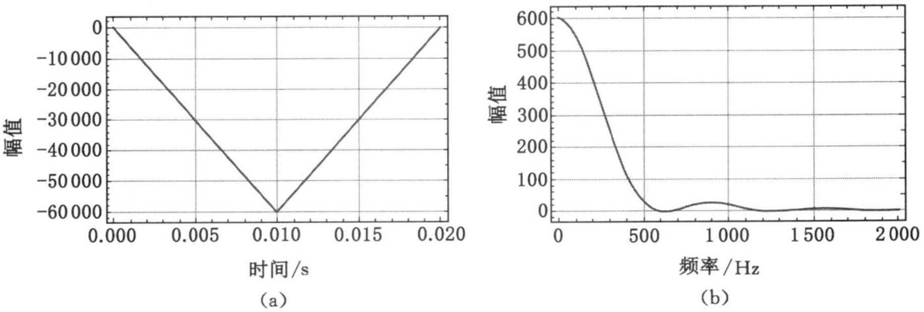

图 5-7　锤击力时程曲线与频域图

(a) 时域图；(b) 频率谱

钢轨轴向力与温度变化间关系如下式所示：

$$F_{\mathrm{N}}=EAK_{\mathrm{t}}\Delta t \tag{5-24}$$

式中，F_{N} 为轴向力；E 为钢轨弹性模量；A 为钢轨横截面面积；K_{t} 为钢轨热膨胀系数；Δt 为温度变化量。

在一年内轨温变化会促使轴向力发生很大变化。如果温度变化超过 70 ℃，会出现断轨事故。因此，研究温度从−70～70 ℃变化钢轨振动情况。由温度变化产生的轴向力如表 5-2 所示。

表 5-2　无缝线路钢轨温升幅度与温度力对应关系

温升幅值/℃	温度力幅值/kN	温升幅值/℃	温度力幅值/kN
70	1 300	−10	−190
50	940	−30	−560
30	560	−50	−940
10	190	−70	−1 300
0	0		

5.4.2.1　不同轴向力对测量的影响

钢轨包括 60 个扣件，并且松开中间 40 个扣件。依据式(5-23)施加锤击力。高温会增加钢轨中的轴向压力，低温会增加钢轨中的轴向拉力。不同温度下钢轨加速度频域图如图 5-8(a)所示。在 0～100 Hz 内，有 A、B 和 C 3 个频率带，详细信息如图 5-8(b)～图 5-8(d)所示。随着温度降低，3 个频率带均往高频处转移。这说明拉伸会增加钢轨的固有频率，压缩会降低钢轨的固有频率。

A、B 和 C 3 个频率带的固有频率随温度的变化曲线如图 5-9 所示，它们约呈线性关系。拟合直线的斜率分别是 0.044、0.068 和 0.068。曲线拟合相关性分别为 0.991、0.999 和 0.999。说明高频处的固有频率对轨温变化更为明显。但是，高阶频率对温度的敏感性并不一定高。在达到某个频率后，敏感性也许会降低。

5.4.2.2　松开扣件对测量的影响

钢轨总扣件数仍为 60，分别松开中间的 10 个、20 个、30 个和 40 个扣件。采用公式(5-23)施加冲击力。相应的频谱如图 5-10 所示。随着松扣件量增加，固有频率会有不同。当松 10 个扣件时，在 16 Hz 处有一个固有频率；当松 20 个扣件时，分别在 5 Hz 和 30 Hz 处有固有频率；当松 30 个扣件时，分别在 5 Hz、11 Hz 和 35 Hz 处有固有频率；当松 40 个扣件时，分别在 7 Hz，20 Hz 和 40 Hz 处有固有频率。这说明扣件松紧对钢轨-扣件系统的固有频率有影响。需要把钢轨-扣件作为一个系统，才可以获得精准的钢轨振动固有频率。

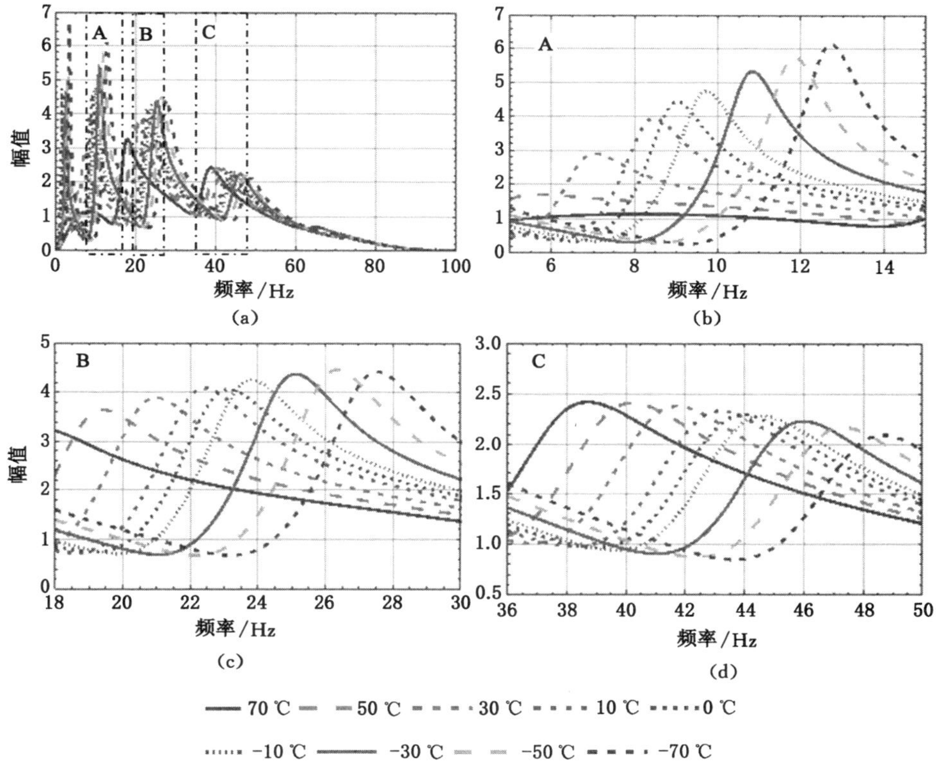

图 5-8　在松开 40 个扣件情况下，不同温度变化时加速度频域图

(a) 不同温度频率谱；(b) 区域 A 放大图；(c) 区域 B 放大图；(d) 区域 C 放大图

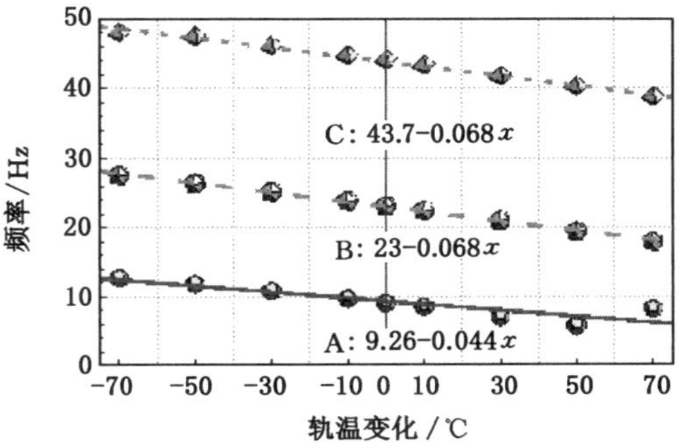

图 5-9　当松开中间 40 个扣件时，自振频率与温度变化间关系

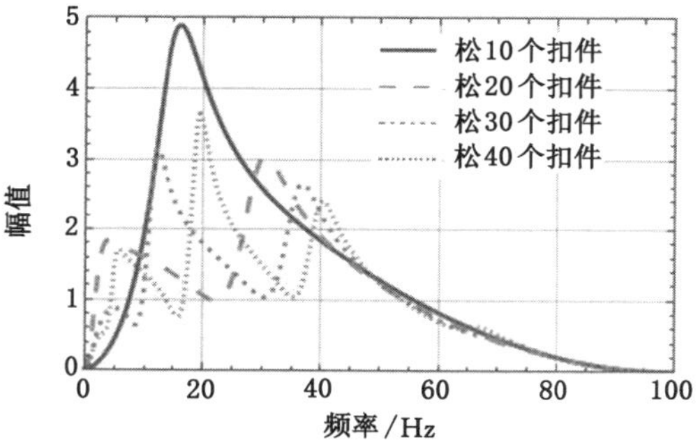

图 5-10　松开不同数量的扣件时，钢轨频谱图

5.4.2.3　扣间距对测量影响；

钢轨总扣件数仍为 60，松 40 个扣件。当扣件间距为 0.55 m、0.58 m、0.62 m和 0.65 m 时，分析固有频率的变化。由前述分析知，频率带 C 处的固有频率对温度变化最敏感，对该处固有频率随扣件间距的变化规律进行分析，如图 5-11所示。C 处固有频率随温度变化呈线性变化，斜率大约为 0.068，曲线拟合系数为 0.99。说明尽管扣件间距不同，但是对温度变化的敏感性是相同的。当温度为−50 ℃时，4 种间距下的固有频率分别是 58.8 Hz、53.4 Hz、47.3 Hz 和 43.4 Hz，平均差值是 5.13 Hz。这说明在同一温度下，扣件间距不同时，固有频率值是不同的。

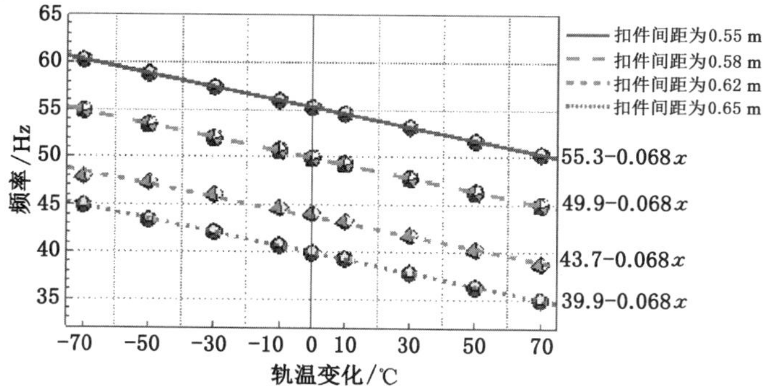

图 5-11　当松开中间 40 个扣件时，不同扣件间距下固有频率与温度变化间的关系

松 10 个扣件，当扣件间距为 0.55 m、0.58 m、0.62 m 和 0.65 m 时，分析固有频率的变化。由图 5-10 可知，在 0～100 Hz 内，仅有一个固有频率。图 5-12 显示了固有频率与温度变化间关系。固有频率随温度变化呈线性变化，斜率大约

为 0.042、0.043、0.044 和 0.044。说明此种工况下，随扣件间距不同，固有频率对温度的敏感性也是不同的。当温度为－50℃时，4 种间距下的固有频率分别是 25 Hz、22.9 Hz、20.5 Hz 和 18.9 Hz，平均差值是 2.03 Hz 。

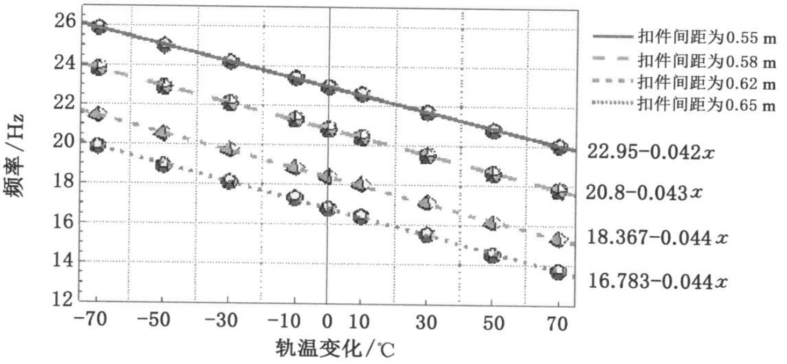

图 5-12 当松开中间 10 个扣件时，不同扣件间距下固有频率与温度变化间关系

5.4.2.4 敏感频率带

钢轨总扣件数仍为 60，松 40 个扣件。扣件间距为 0.62 m。轴向力为 2×10^{-5} N。图 5-13(a)显示 100～2 000 Hz 间的频谱。易于划分成 19 个频率带，在每个频率带有一个固有频率。正如前述分析，固有频率与温度变化有线性关系。斜率可认为固有频率对温度变化的敏感性指标[图 5-13(b)]。这说明敏感性并没有随频率增加而增加。在 0～500 Hz 和 900～1 200 Hz 间的固有频率对温度变化更为敏感，在 500 Hz 以内的固有频率最为敏感。

5.5 测量轴向力方法讨论

如果测量钢轨中的轴向力是一个重要问题。当松开 40 个扣件时，不同扣件间距下固有频率对温度变化敏感性相同(第一种情况，如图 5-11 所示)。当松开 10 个扣件时，不同扣件间距下固有频率对温度变化敏感性不同(第二种情况，如图 5-12 所示)。在施工时，扣件间距并不是精确相等的。这也就是意味着如果要精确地测量轴向力，应该松开更多的扣件以便消除扣件间距不相等对测量的影响。

当扣件间距是 0.65 m 时，在两种情况下固有频率对温度变化的敏感性分别是 0.068 和 0.044。这说明松开扣件越多，固有频率对温度变化越敏感。

在两种情况下，扣间距分别是 0.55 m、0.58 m、0.62 m 和 0.65 m。当温度改变－50 ℃时，在 4 种扣件间距下固有频率平均差值分别为 5.13 Hz 和 2.03 Hz。

这说明同种温度下松开越多扣件,固有频率差值越大。

在建立动力学模型时,钢轨被假定为欧拉梁。这可以在 0～2 000 Hz 内提供精确的动力学响应。图 5-13(b)显示对温度变化最敏感的频率带在 0～500 Hz。这说明使用欧拉梁模型预测轴向力是合理的。

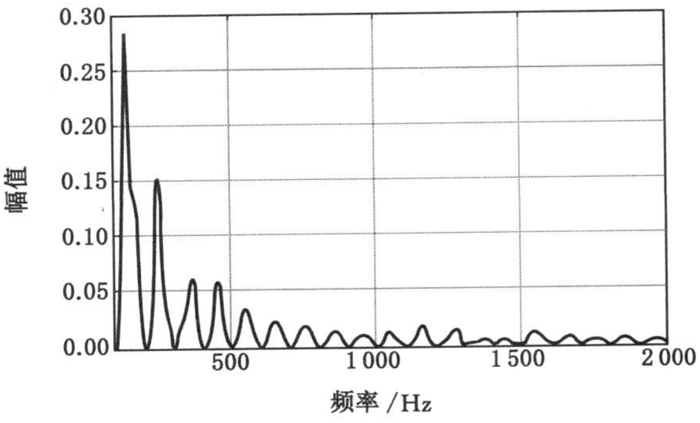

(a)

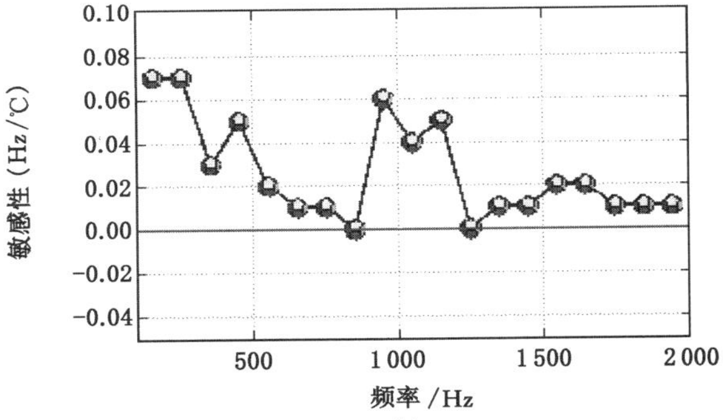

(b)

图 5-13　当轴向力是 2×10^{-5} N 时,钢轨敏感频率带分析

(a) 100～1 000 Hz 的频率谱;(b) 固有频率对温度变化的敏感性

5.6 本章小结

本章建立了含有扣件的离散支撑钢轨动力学模型,研究了钢轨固有频率与轴向力、扣件间距、松扣件数量间的关系。主要结论如下:

(1) 随着温度升高,固有频率向低频处平移。

(2) 当钢轨温度变化值在－70～70 ℃时,钢轨固有频率与温度变化呈近似线性关系。

(3) 对温度改变最敏感的频率带处于 0～500 Hz 内。

(4) 松脱扣件会影响钢轨的固有频率。当松扣件量较多时，尽管扣件间距有变化，同阶固有频率对温差变化敏感性相同。

6 超声导波监测轨底损伤理论与实验

6.1 引　言

钢轨裂纹是列车行车的重大安全隐患，目前国内外通常使用轨道探伤车对钢轨的服役状态进行检测，探伤车探伤轮上装有入射角为 0°、45°、70°三种超声斜探头，分别检测钢轨内部水平裂纹、螺栓孔裂纹和轨头踏面裂纹[150-151]。受制于钢轨横截面几何形状，超声波束较难到达轨底两侧位置，因此钢轨轨底位置容易成为超声探伤车的检测盲区[152]。目前基于超声体波的检测技术难以满足钢轨轨底缺陷的连续、自动化、在线检测需求[153]。

研究人员使用半解析有限元法(the semi-analytical finite element method，SAFE)[154-155]和有限元法(the finite element method，FEM)识别波动特性(波结构，频散曲线等)[156-159]。FEM 建立三维模型来获取时域数据。单元尺寸应该小于要研究波长的十分之一。这使得单元数目相当大，计算耗时严重。在后面的处理环节中，需要人工识别模态波形信息获得相速度。SAFE 通过研究结构横截面的振动来获取波动特征。该方法把一个三维问题转换成二维问题求解。大部分计算用来求解特征矩阵和特征值，获得不同模态[160]。该方法可显著地提高计算效率，计算结果不需任何后处理即可以二维形式展示。但是，SAFE 不能展示波传播的过程信息。为此，本章耦合两种方法，使用 SAFE 获取频散特性，使用 FEM 展示波动信息，利用二者优势，获取了波的完整信息[161]。

6.2 导波的基本概念

机械振动在弹性介质中的传播称为弹性波，人耳能够听见的声音频率范围是 20 Hz～20 kHz，低于 20 Hz 的弹性波称为次声波，高于 20 kHz 的弹性波称为超声波。根据介质质点振动方向与波传播方向的关系可将弹性波分为横波(S 波)和纵波(P 波)两种。其中，横波传播方向与介质质点振动方向垂直，纵波传播方向与介质质点振动方向一致。在均匀弹性介质中，纵波传播速度为：

$$c_L=\sqrt{\frac{E}{\rho}} \tag{6-1}$$

式中，E 为弹性介质的杨氏模量；ρ 为弹性介质的密度。

横波传播速度为：

$$c_s=\sqrt{\frac{G}{\rho}} \tag{6-2}$$

式中，G 为弹性介质的剪切模量，其值为：$G=E/[2(1+\mu)]$。

由式(6-1)、式(6-2)可以看出，超声波传播速度仅与传播介质有关。在两个半无限弹性介质的接触面处，由于两种介质材料特性的差异，超声波在传播过程中会产生折射波、反射波及横纵波形转换现象。当超声波在有边界的弹性介质(平板、圆管、钢轨等)内传播时，其在边界处连续产生反射波、折射波、界面波等。这些波的叠加、耦合形成的波称为超声导波。常见的导波类型有兰姆波、瑞利波、柱面波等。

6.2.1 波的反射

反射现象是弹性波的一个重要特性，在边界处发生反射是超声导波形成的原因。弹性波在自由端处形成的反射波幅值不变、传播方向相反。同时波的性质会发生改变，即压缩波反射形成拉伸波，拉伸波反射形成压缩波。利用弹性波经过裂纹、断裂等结构不连续处会发生反射的属性，通过检测反射波可以对构件内部损伤进行检测。

6.2.2 相速度和群速度

在无损检测中，通常激励信号是一个波包，导波的相速度是指波包上某一固定相位点的传播速度，亦可表征单一频率导波在介质中的传播速度；导波的群速度是指波包能量的传播速度，通常可认为波包上振幅最大点的传播速度为该波包的群速度。

如图 6-1 所示，超声导波在介质中传播，在测点 A 处采集到波形 a，在测点 B 处采集到波形 b，A、B 测点距离为 L。

从图 6-1 中可以看出，波形 a、波形 b 中等相位点(O 点)的时间差为 t_1，信号包络线幅值最大点时间差为 t_2，由此可以计算导波的相速度 c_p 及群速度 c_g，计算公式为：

$$c_p=\frac{L}{t_1} \tag{6-3}$$

$$c_g=\frac{L}{t_2} \tag{6-4}$$

在理论分析中，群速度及相速度的意义可通过谐波叠加的方式描述，平面余

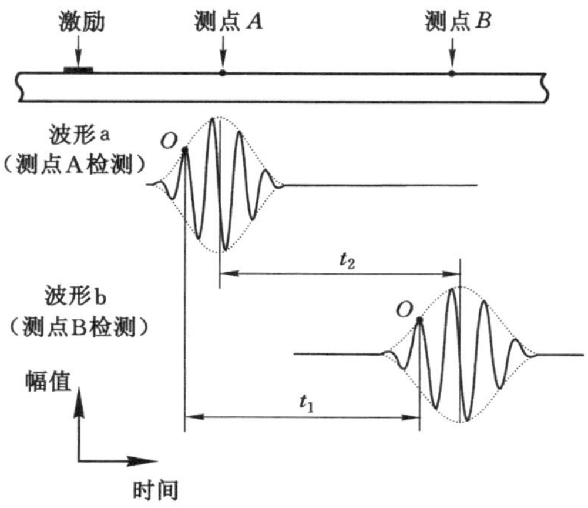

图 6-1　群速度与相速度

弦谐波的振动方程为：

$$y = A\cos(\omega t + kx) \tag{6-5}$$

式中，y 指在 x 位置处 t 时刻下质点振动位移；A 为质点振幅，即 y 的最大值；$k = 2\pi/\lambda$ 为波数，λ 为波长；ω 为角频率。根据角频率 ω 与波数 k 之间的关系，相速度、群速度可表示为：

$$c_{\mathrm{p}} = \frac{\omega}{k} \tag{6-6}$$

$$c_{\mathrm{g}} = \frac{\Delta\omega}{\Delta k} \tag{6-7}$$

将式(6-6)代入式(6-7)，得：

$$c_{\mathrm{g}} = \frac{\mathrm{d}(kc_{\mathrm{p}})}{\mathrm{d}k} = c_{\mathrm{p}} + k\ \frac{\mathrm{d}c_{\mathrm{p}}}{\mathrm{d}k} \tag{6-8}$$

式(6-8)为群速度与相速度之间的关系。

6.2.3　频散现象和多模态

受传播介质几何边界及材料特性的影响，超声导波的相速度和群速度会随着频率的变化而变化，这种现象称为频散现象。根据频散现象产生的原因，可分为物理频散和几何频散，物理频散是由传播介质的物理特性引起的，如在各向异性介质、密度不均匀介质中均会产生物理频散。在各向同性的均匀介质中，当介质存在多个边界时，超声导波会在边界处发生多次反射，反射波之间会产生干涉，使得超声导波在介质中传播时，不同频率的导波波速不同，即产生几何频散。

超声导波的频散会导致信号的波形发生畸变、信号幅值变小，如图 6-2 所示。

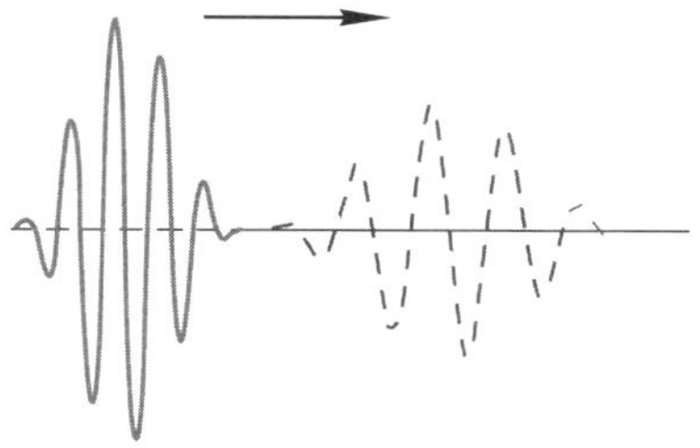

图 6-2 超声导波的频散现象

由图 6-1 可以看出，如果导波不发生频散，波形不发生畸变，即 a、b 波形一致，此时 $t_1=t_2$，即群速度与相速度相等，根据式(6-6)、式(6-7)可知：

$$\frac{\omega}{k}=\frac{\Delta\omega}{\Delta k} \tag{6-9}$$

此时波数-频率曲线为过原点的直线。

超声导波的多模态特性指在同一频率下波导介质中存在多种振动形式的导波，如在平板中存在对称模态(S)和反对称模态(A)的导波；在圆管中存在纵向模态(L)、弯曲模态(F)、扭转模态(T)导波。每种模态导波引起介质质点的运动方式不同。

利用超声导波进行无损检测时，一些模式的导波在检测介质传播时会呈现较严重的频散现象。此外，也应尽可能避免多模态同时激励。这些均会影响信号的识别，降低后续数据分析的精度，甚至导致辨识不出损伤。为此，需首先分析钢轨中波的频散关系，选择频散特性良好的导波模式进行检测。

6.3 频散特性研究方法

6.3.1 半解析有限元法

当波导介质在传播方向上横截面保持一致时，非常适用于用 SAFE 求解导波传播特性。SAFE 将结构横截面离散化为有限元网格，在导波传播方向上采用解析法求解。与传统有限元法相比，将三维问题转化为二维问题，大大提高了计算效率。

采用三角形单元对波导横截面进行几何离散，模型中任意节点的位移可表示为：

$$\boldsymbol{u}=[u_x \quad u_y \quad u_z]^{\mathrm{T}} \tag{6-10}$$

式中，u_x，u_y 和 u_z 代表 x，y 和 z 方向位移；符号$[\ *\ ]^{\mathrm{T}}$ 代表矩阵转置。

位移以负指数形式传播：

$$\begin{aligned}
u_x(x,y,z,t)&=u_x(x,y)\mathrm{e}^{-j(kz-\omega t)}\\
u_y(x,y,z,t)&=u_y(x,y)\mathrm{e}^{-j(kz-\omega t)}\\
u_z(x,y,z,t)&=u_z(x,y)\mathrm{e}^{-j(kz-\omega t)}
\end{aligned} \tag{6-11}$$

应力和应变可表示为：

$$\boldsymbol{\sigma}=[u_{xx} \quad u_{yy} \quad u_{zz} \quad u_{yz} \quad u_{zx} \quad u_{xy}]^{\mathrm{T}} \tag{6-12}$$

$$\boldsymbol{\varepsilon}=[\varepsilon_{xx} \quad \varepsilon_{yy} \quad \varepsilon_{zz} \quad \varepsilon_{yz} \quad \varepsilon_{zx} \quad \varepsilon_{xy}]^{\mathrm{T}} \tag{6-13}$$

其中，u_{ij} 和 ε_{ij} 代表 i 和 j 平面上的应力和应变。如果 i 不等于 j，分别代表切应力与切应变。

应力和应变矢量的关系为：

$$\boldsymbol{\sigma}=\boldsymbol{C\varepsilon} \tag{6-14}$$

式中，对于各向材料，$\boldsymbol{C}$ 为单元的材料刚度矩阵。

位移和应变矢量的关系为：

$$\boldsymbol{\varepsilon}=\left[\boldsymbol{L}_x\frac{\partial}{\partial x}+\boldsymbol{L}_y\frac{\partial}{\partial y}+\boldsymbol{L}_z\frac{\partial}{\partial z}\right]\boldsymbol{u} \tag{6-15}$$

式中：

$$\boldsymbol{L}_x=\begin{bmatrix}1&0&0\\0&0&0\\0&0&0\\0&0&0\\0&0&1\\0&1&0\end{bmatrix}\quad \boldsymbol{L}_y=\begin{bmatrix}0&0&0\\0&1&0\\0&0&0\\0&0&1\\0&0&0\\1&0&0\end{bmatrix}\quad \boldsymbol{L}_z=\begin{bmatrix}0&0&0\\0&0&0\\0&0&1\\0&1&0\\1&0&0\\0&0&0\end{bmatrix}$$

根据哈密顿原理，可得到每个单元的波动控制方程为：

$$(\boldsymbol{K}_1+ik\boldsymbol{K}_2+k^2\boldsymbol{K}_3-\omega^2\boldsymbol{M})\boldsymbol{Q}=0 \tag{6-16}$$

式中，$\boldsymbol{K}_1$、$\boldsymbol{K}_2$、$\boldsymbol{K}_3$ 为单元的刚度矩阵；$\boldsymbol{M}$ 为质量矩阵，$\boldsymbol{Q}$ 为单元节点的位移矢量。式中包含虚数项，为简化方程求解，引入幺正变换矩阵 $\boldsymbol{T}$：

$$\boldsymbol{T}=\begin{bmatrix}i&&&&&&\\&1&&&&&\\&&1&&&&\\&&&\ddots&&&\\&&&&i&&\\&&&&&1&\\&&&&&&1\end{bmatrix} \tag{6-17}$$

进行下列变换：

$$\hat{K}_2 = i\boldsymbol{T}^{\mathrm{Tr}} K_2 \boldsymbol{T} \tag{6-18}$$

$$\hat{\boldsymbol{Q}} = \boldsymbol{TQ} \tag{6-19}$$

式中，上标 Tr 代表矩阵转置。

式(6-16)波动控制方程可化为：

$$(\boldsymbol{K}_1 + k\boldsymbol{K}_2 + k^2\boldsymbol{K}_3 - \omega^2\boldsymbol{M})\boldsymbol{Q} = 0 \tag{6-20}$$

给定每个波数 k，可求解得到特征频率的值，从而获得波导的频率-波数关系。

对于波结构的求解，可将式(6-20)重新表示为一阶本征系统：

$$[\boldsymbol{A} - k\boldsymbol{B}]\begin{bmatrix}\hat{\boldsymbol{Q}} \\ k\hat{\boldsymbol{Q}}\end{bmatrix} = 0 \tag{6-21}$$

式中：

$$\boldsymbol{A} = \begin{bmatrix} 0 & \boldsymbol{K}_1 - \omega^2\boldsymbol{M} \\ \boldsymbol{K}_1 - \omega^2\boldsymbol{M} & \hat{K}_2 \end{bmatrix}, \boldsymbol{B} = \begin{bmatrix} \boldsymbol{K}_1 - \omega^2\boldsymbol{M} & 0 \\ 0 & -\boldsymbol{K}_3 \end{bmatrix}$$

通过求解式(6-21)可得到各阶特征值对应的位移场矢量，即波导的波结构。

6.3.2 二维傅里叶变换法

傅里叶变换(fourier transform，FT)是信号处理的经典方法，其用于信号在时域和频域之间的变换。导波在介质中传播时会存在多种模态。在进行导波检测时，传感器接收到的时程信号为多模式叠加的复杂波形。可对导波时程曲线进行二维傅里叶变换(two-dimensional discrete fourier transform，2D-FFT)将各传播模式分离。沿导波传播方向提取一系列监测节点的导波时程波形，设包含多模式的导波信号为 $u(x,t)$，其中 x 为导波传播距离，t 为导波传播时间。$u(x,t)$的二维傅里叶变换的离散形式为：

$$H(k,w) = \sum_x \sum_t u(x,t)\mathrm{e}^{-i(wt/M + kx/N)} \tag{6-22}$$

式中，$u(x,t)$可表示各监测节点的时域信号(应力、位移、速度、加速度等)；ω 为角频率；k 为波数。

由式(6-22)可以看出，二维傅里叶变换可将空间-时间域信号转换为波数-频率域信号，其过程为将每个监测节点的时程信号进行傅里叶变换，得到的频谱组成列向量排列，再对每行元素进行傅里叶变换即可得到波数-频率二维矩阵，利用式(6-3)可计算各模式导波的相速度。

6.4 超声检测方法

根据超声换能器安放位置，可将超声波检测分为脉冲反射法和穿透法。

图 6-3为脉冲反射法和穿透法的工作原理。脉冲反射法通常使用单发单收式探头或双晶探头。图 6-3 展示双晶探头(T/R 探头)工作原理,检测时在发射探头上产生高频脉冲(T),超声波以一定的速度向试件内部传播,当遇到缺陷时部分能量的超声波以反射波的形式返回。若无缺陷,接收探头接收反射波能量幅值(B)略低于入射波能量幅值(T)。若遇到缺陷时,缺陷处会反射部分能量,反射能量幅值(F)明显低于反射波能量辐值(T)。通过判断缺陷回波的位置及幅值大小对损伤位置及程度进行识别。穿透法通常使用收发分离式探头,其原理是一个探头发射的超声波在透过整个试件后被另一个探头接收,通过入射波能量幅值(T)和接收波能量辐值(R)的变化对试件中的损伤情况。

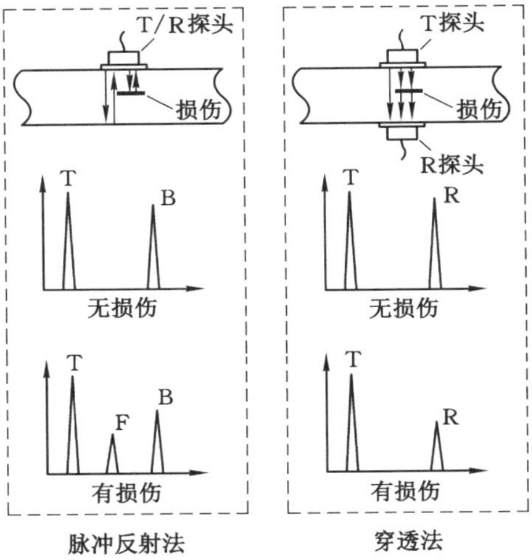

图 6-3　脉冲反射法及穿透法

脉冲反射法具有灵敏度高、缺陷定位准确等优点。但其缺点也十分明显,对近表面的缺陷,缺陷回波会被直达波湮没,在试件近表面的一定距离内会存在检测盲区,而且由缺陷类型及取向不同导致的缺陷回波不一定能被完全接收。尤其在钢轨等长距离检测中,缺陷回波的衰减较大,难以检测距离探头较远处的缺陷。

穿透法在工作中不存在探测盲区,可探测距离较长,在长距离自动化监测中优势明显。其缺点是探伤灵敏度低、无法定位缺陷、对收发探头的相对位置要求高等。而且当缺陷程度较小时,由于超声波发生衍射,导致检测灵敏度降低。

6.5 钢轨轨底垂向模式导波

6.5.1 轨底垂向模式导波传播特性计算

本书研究对象是高铁用CHN60型钢轨，模型根据《铁路用热轧钢轨》(GB/T 2585—2021)建立，钢轨高0.176 m，轨底宽0.15 m，轨底边缘厚0.012 m，模型如图6-4所示。采用半解析有限元法对钢轨中导波的传播特性进行计算，钢轨材料属性设置为：质量 $m=60$ kg/m，密度 $\rho=7\ 800$ kg/m^3，杨氏模量 $E=205.9$ GPa，泊松比 $\mu=0.3$。采用三角形单元将钢轨几何截面离散，网格最大尺寸为0.007 m。

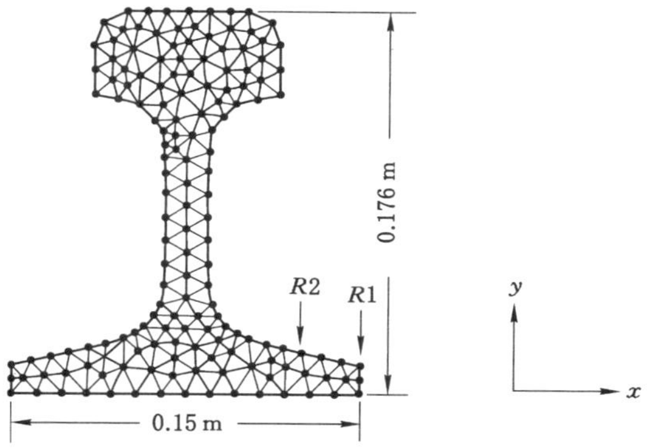

图6-4 CHN60型钢轨几何尺寸及网格划分

图6-5为使用半解析有限元法得到的0 Hz～100 kHz频率带内CHN60型钢轨的波数-频率导波频散曲线。随着频率的升高，钢轨中导波模式数量急剧增加。按照激励方向可将钢轨中导波模态分为横向模态、垂向模态、纵向模态，每个模态又包含多种传播模式。在钢轨轨底位置的导波无损检测中，导波换能器通常被布置在轨底翼缘上表面处。由于轨底位置的几何形状易激励垂直方向的模式导波，故在分析结果中，选择能量集中轨底位置处的垂向振动模式进行重点研究。

图6-6为能量集中在轨底位置的两个垂直导波模式的相速度、群速度频散曲线，分别命名为 V_1 模式、V_2 模式。在40 kHz内两种模式的群速度、相速度随频率变化较大，在频率高于80 kHz时两种模式的群速度、相速度趋于稳定。

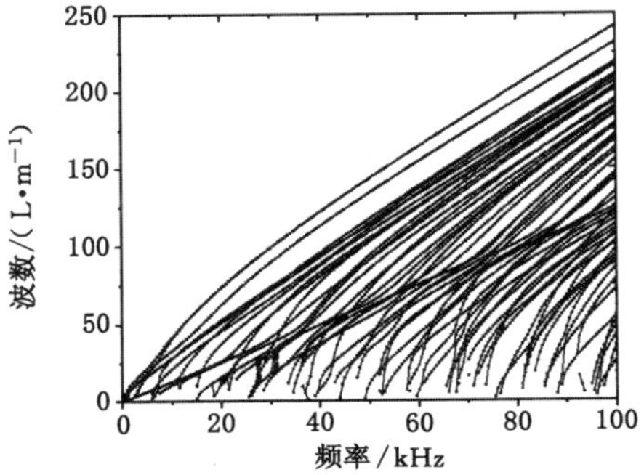

图 6-5　钢轨波数-频率关系曲线

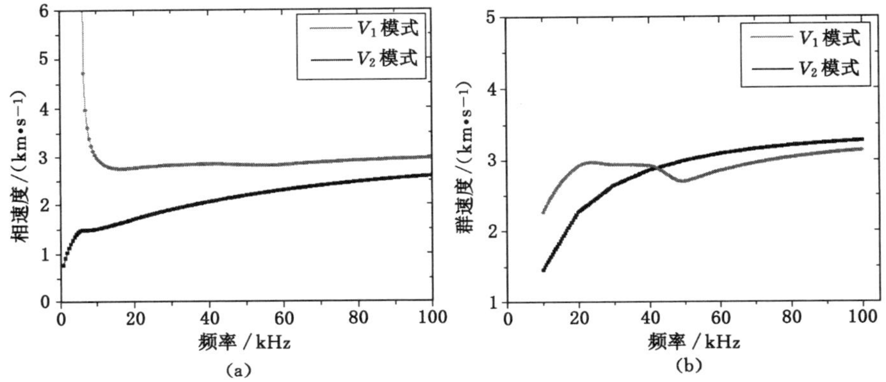

图 6-6　轨底垂向模式频散曲线

(a) 相速度频散曲线;(b) 群速度频散曲线

图 6-7 给出了中心频率为 90 kHz 时 V_1、V_2 两种传播模式的波结构,波结构描述了当前频率下位移的分布特征。图示包含钢轨横截面变形在 XY 平面和 YZ 平面的投影,在两个投影图中能直观获得钢轨横截面上各位置的垂向位移和纵向位移。某个方向位移越大,说明该方向波的传播能力越强。在垂向激励下,轨底位置处垂向位移较大的区域响应明显,适合放置导波换能器。纵向位移能够反映导波在钢轨各位置的纵向传播能力,纵向位移越大,导波传播能力越强,衰减越缓慢。从图中可以看出,V_1 模式中轨底边缘处的结点单元(图 6-4 中 $R1$)具有较大的垂向位移和纵向位移,V_2 模式中轨底边缘和翼缘中心处结点单元(图 6-4 中 $R2$)的垂向、纵向位移均明显,需要根据检测位置对导波模式进行选择。

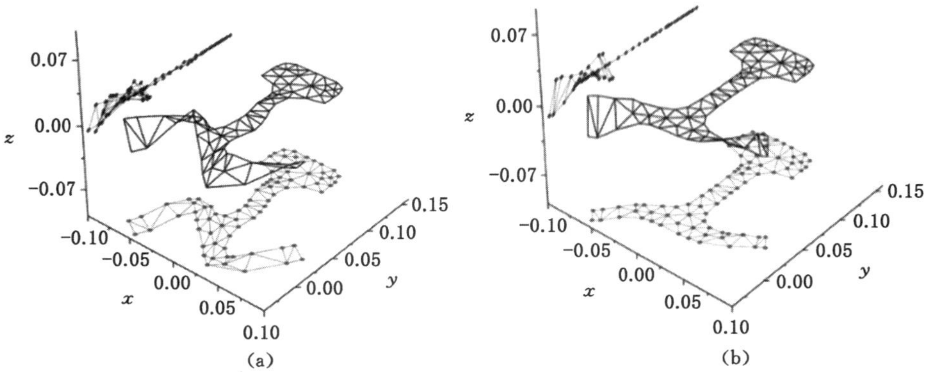

图 6-7 90 kHz 垂向模式导波波结构

(a) V_1 模式 c_p=2 534 km/s,c_g=3 340 km/s;(b) V_2 模式 c_p=2 950 km/s,c_g=3 190 km/s

6.5.2 轨底垂向模式导波传播过程分析

在 ABAQUS 中建立瞬态动力学分析模型,钢轨的几何参数和材料参数与半解析有限元法设置相同,网格选择六面体单元,不仅可以降低网格数量、大大减少计算时间,还能够保证较高的计算精度,最大网格尺寸为 0.002 m,如图 6-8 所示。模型中设置的 0.002 m 的网格尺寸小于要研究波长的十分之一。

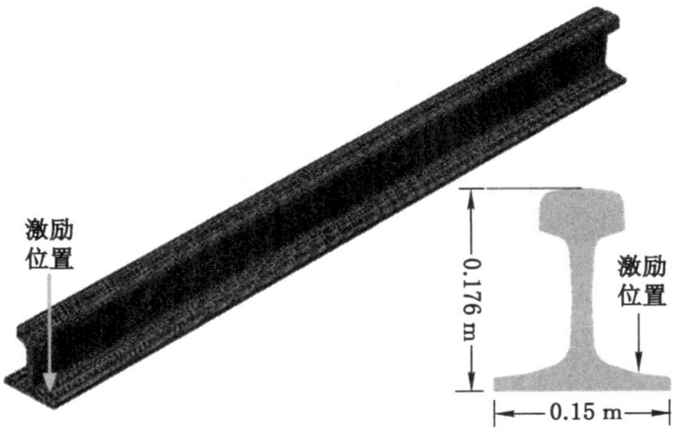

图 6-8 CHN60 型钢轨有限元分析模型

加载位置选择轨底翼缘中心处。根据图 6-5 可知,激励频率大于 80 kHz 时,垂向模式导波的群速度和相速度趋于稳定,模型的激励信号选择中心频率为 90 kHz 的 5 周期余弦上升信号,采样间隔 $\Delta t=10^{-7}$ s,信号的时程曲线及频谱如图 6-9 所示。

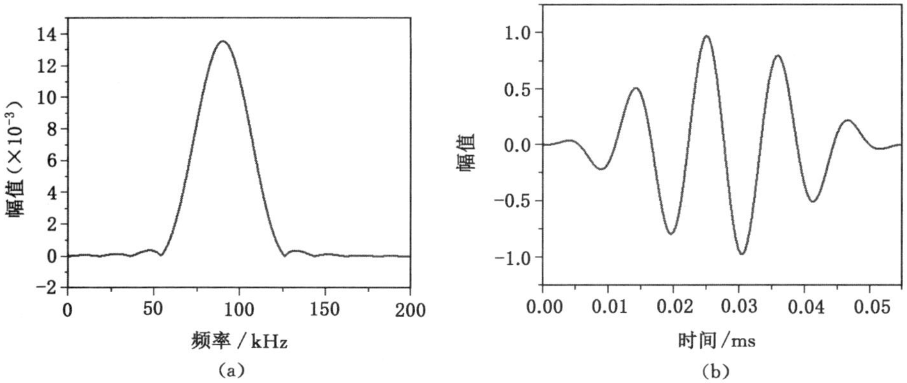

图 6-9　中心频率为 90 kHz 的激励信号

(a) 时域信号；(b) 频域

轨底位置垂向激励产生的导波传播过程如图 6-10 所示。在 0.2 ms 时导波波包数量单一，未发生明显的模式分离。在 0.6 ms 时出现模式分离现象，其中波包速度较快的部分能量集中在轨底边缘位置（见图 6-10 放大部分），速度较慢的部分能量均匀分布在轨底翼缘处。

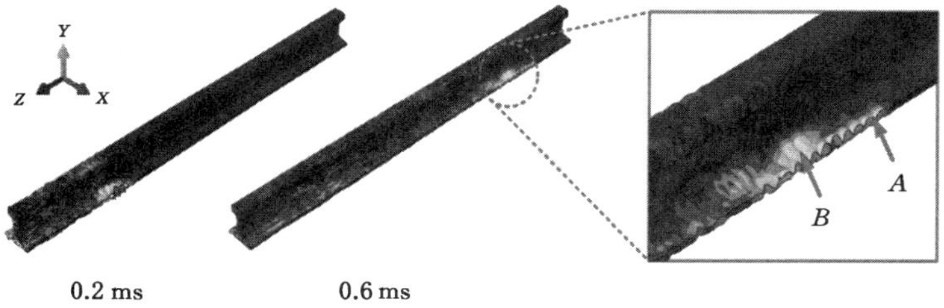

图 6-10　轨底垂直激发导波传播过程

两种模式的导波产生的形变特点不同，对比半解析有限元法结果，见图 6-11。V_1 模式仅在轨底边缘处有明显变形，V_2 模式在轨底翼缘中间位置处变形亦明显。图 6-10 中 A 点所在横截面的形变特点与 V_1 模式一致；图 6-10 中 B 点所在横截面的形变特点与 V_2 模式一致。

根据图 6-6 的计算结果可知，当中心频率为 90 kHz 时 V_1 模式的群速度值约为 3 340 m/s，V_2 模式的群速度约为 3 190 m/s。传感器布设在 $R1$ 和 $R2$ 处（图 6-4）同一个横截面处。提取距离激励点位置 1.5 m 处轨底翼缘中心处及轨底边缘处的垂向位移曲线，如图 6-12 所示。由 Herbert 变换获取包络线。

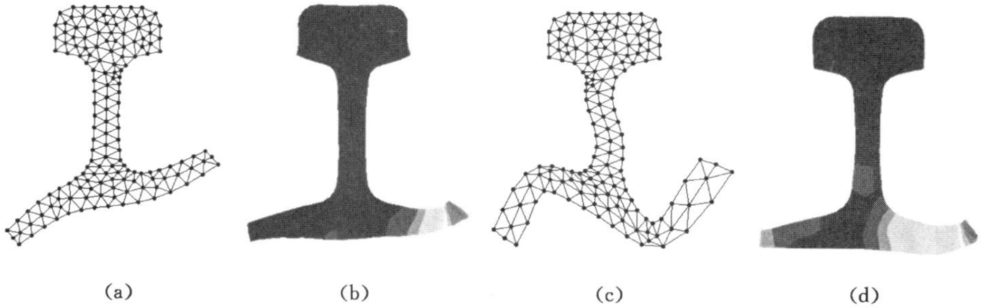

图 6-11 轨底位置钢轨变形对比

(a) V_1 模式;(b) A 截面;(c) V_1 模式;(d) B 截面

在图 6-12(a)中,有两个最大值。这说明波包包括不少于两个模态。较快波包的群速度为 3 340 m/s,这和 V_1 模态群速度相等;较慢波包的群速度为 3 177 m/s,这和 V_2 模态群速度相等。图 6-12(b)显示有一个最大值,波的群速度为 3 158 m/s,这个模态可认为是模态 V_2。这些结果与前述分析一致,在 $R1$ 处,可接收到模态 V_1 和模态 V_2 两种波,在 $R2$ 处,仅可接收到模态 V_2。

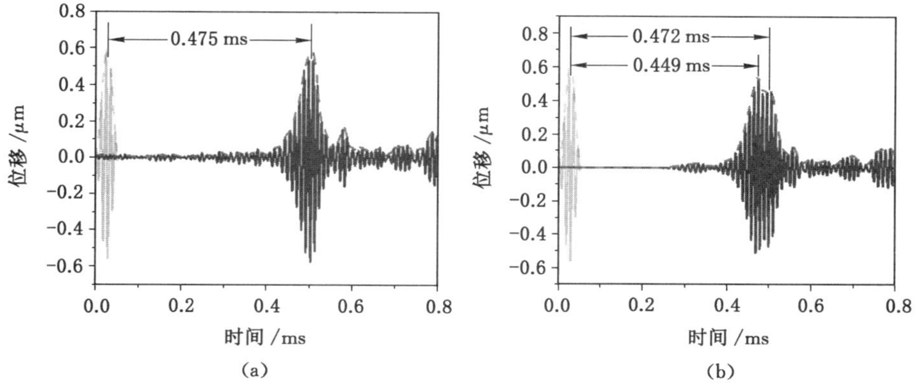

图 6-12 轨底位置检测的时域波形(图 6-4)

(a) 在 $R1$ 处;(b) 在 $R2$ 处

在实际应用中,接收点和激励点间距离应该在一定范围中。如果二者太近,模态不能够完全分离,波包也许会包括不同模态的导波。如果二者太远,能量衰减太多,不能侦测到模态。此外,目标模态应该是优势模态,可把接收的导波认作单一模态。可通过分析目标模态的波结构、激励点和接收点位置等信息识别波模态。

6.6 实验研究

实验中使用 PZT 晶片激励和接收超声导波，由型号为 RIGOL DG1022U 的信号发生器产生波形信号，经型号为 ATA -2042 的功率放大器对电压进行放大后驱动 PZT 晶片产生超声导波，接收端由 PZT 晶片将机械信号转换为电信号，并通过型号为 PICO 5444d 的示波器输出至 PC 端进行后续的分析处理。信号发生器的同步功能可用于确定信号激发时刻。图 6-13 展示了设备间的连接关系。

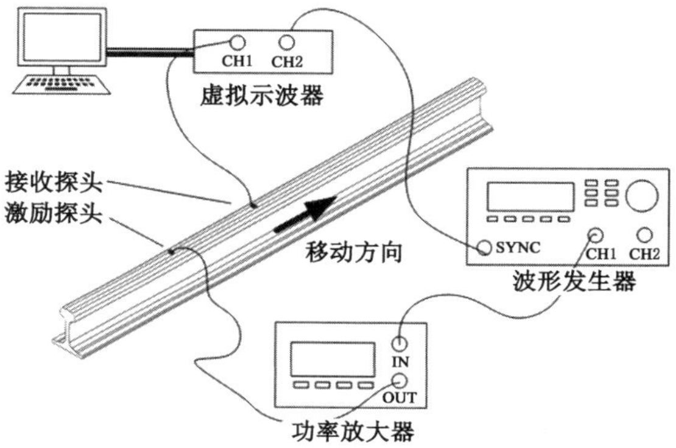

图 6-13　设备连接示意图

6.6.1　模式识别实验

在 0 Hz～100 kHz 频率内轨底位置处包含 V_1、V_2 两个模式，两个模式在 90 kHz 附近的群速度差别较小。此外，实验信号中包含大量噪声。因此，检测群速度时，较难精确提取波包峰值时刻，结果误差较大。故实验通过检测相速度方式对导波模式进行识别。

根据相速度测量的过程，需要获取导波的时间-空间维度的信息。在实验中，采用单晶探头多次测量的方法，每次测量后将探头向导波传播方向平移一定的距离，如图 6-14 所示。将多次测量的信号进行二维傅里叶变换得到波数-频率-幅值等高线图，为与仿真结果直观对比，使用波数-频率关系代替导波的相速度进行分析。

将激励探头和接收探头放置在轨底翼缘中间处，实验现场如图 6-14 所示。探头位置为轨底翼缘的中间处，激励信号为 90 kHz、连续 5 个周期的正弦波，驱动电压幅值为 150 V。接收探头初始位置距离激励探头 0.5 m 处，每

图 6-14 相速度检测实验现场

次测量后将探头向后移动 0.005 m。实验中，空间间隔是 0.005 m，相应的空间采样率是 200 Sa/m。时间间隔是 2×10^{-7} s，相应的频率是 5 MHz。共测量 20 组数据。

图 6-15 为距离激励点 0.51 m、0.57 m、0.63 m 三个测点的波形图，直达波仅存在一个清晰的波包。将测得的 20 组数据进行二维傅里叶变换得到的波数-频率等高线图，如图 6-16 所示。其包含了波数-频率-幅值信息，幅值较大的部分可描述为频散曲线的特征点，其高度表示该模式导波的能量。图 6-16 中点线图为轨底垂向模式导波的波数-频率关系，可以看出实验结果与 V_2 模式频散关系一致，结果与有限元分析结果相符。在轨底翼缘中心位置采集的垂直模式导波中，V_2 模式为优势模式，V_2 模式能量集中在轨底位置，纵向位移和垂向位移较大，传播特性良好、易于检测，适合作为轨底缺陷检测的导波模式。

6.6.2 轨底损伤检测实验

为验证 V_2 模式的检测效果，在轨底位置预制裂纹，裂纹横向深度约为 0.023 m、垂向深度约为 0.01 m、纵向宽度约为 0.002 m，损伤面积约占轨底面积的 15%，如图 6-17 所示。激励信号采用汉宁窗调制 5 周期余弦信号，中心频率为 90 kHz，压电陶瓷驱动电压幅值为 150 V。发射探头和接收探头位于伤损两侧对称布置，布置位置位于钢轨轨底翼缘中心处。

经前文分析得，在此位置处垂直激发的导波中，V_2 模式为优势模式。设计两组实验进行对比：第一组实验将发射探头和激励探头分别布置在损伤两侧 0.3 m位置；第二组实验将发射探头和激励探头分别布置在损伤两侧 0.6 m 位置。每组实验均设置无损伤对照组。

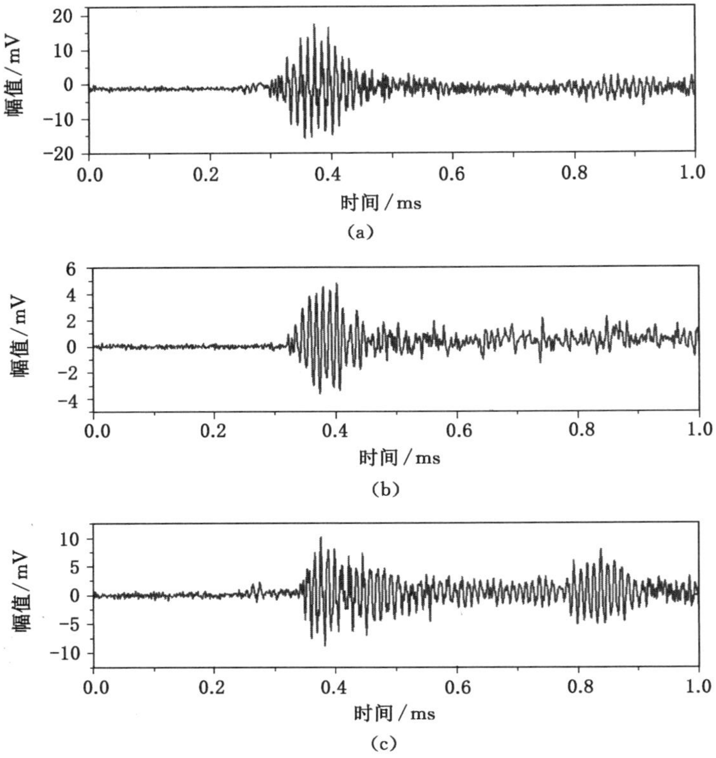

图 6-15　部分测点波形图

(a) 远离激励点 0.51 m 处;(b) 远离激励点 0.57 m 处;(c) 远离激励点 0.63 m 处

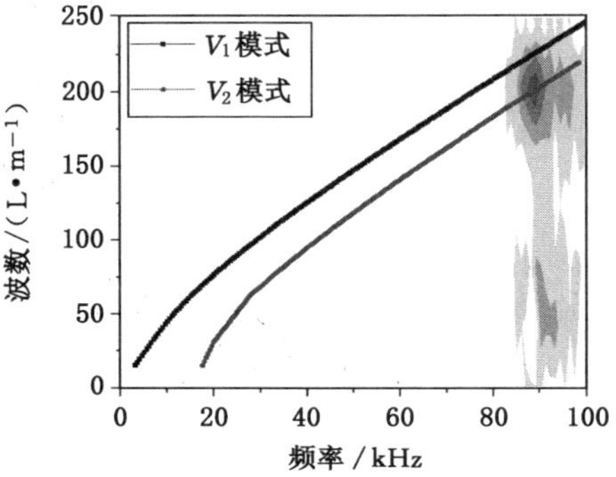

图 6-16　二维傅里叶变换结果

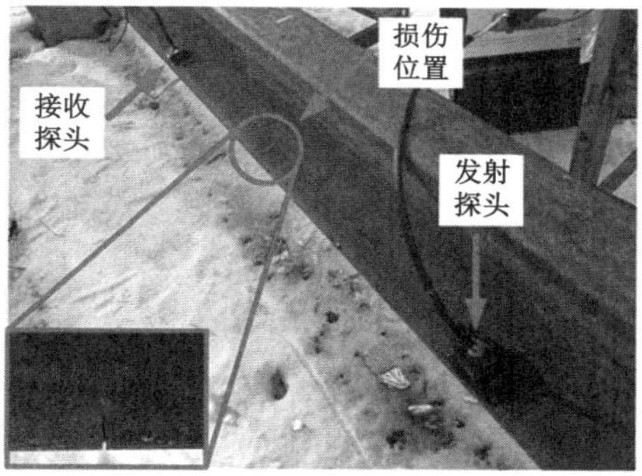

图 6-17 轨底损伤检测实验现场

提取接收探头检测到的信号，如图 6-18 所示。图 6-18(a)中峰值是 11.9 mV。图 6-18(b)中峰值是 11.6 mV，二者无明显区别，这说明模态 V_2 从 0.3 m 传输到 0.6 m 距离间无严重衰减。图 6-18(c)中峰值是 3.6 mV，这说明损伤使得能量衰减了 69.7%。图 6-18(d)中峰值是 4.8 mV，损伤衰减了 58.6%。两组实验中损伤工况下 V_2 模式导波幅值均有明显降低，说明使用 V_2 模式检测钢轨轨底横向裂纹可行。

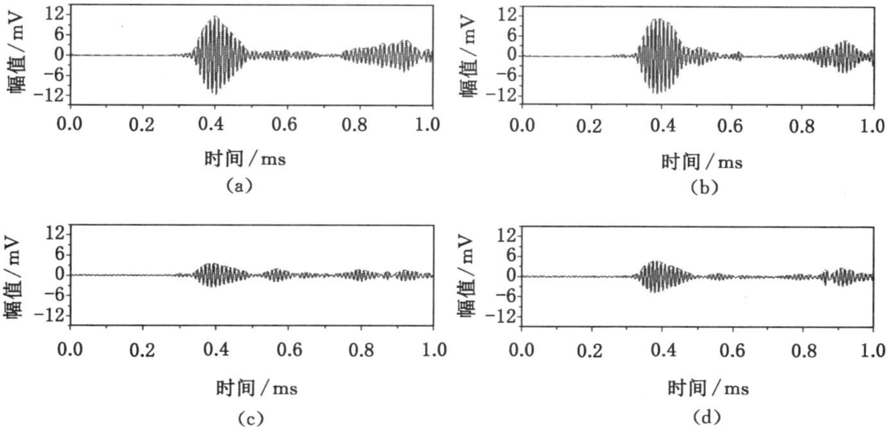

图 6-18 轨底裂纹损伤检测信号

(a) 无损伤；(b) 无损伤；(c) 横向损伤第一组数据；(d) 横向损伤第二组数据

6.7 本章小结

超声导波具有传播距离远、检测距离长的特点，在钢轨无损检测领域受到越来越多的关注。本章对 CHN60 型钢轨中轨底垂直振动模式导波的传播特性进行了研究。主要工作如下：

(1) 理论研究了导波的频散特性和波动特性。应用半解析有限元法计算了导波的频散、波结构特性。可知 90 kHz 附近 V_1、V_2 模式频散特性良好，能量集中在轨底。使用有限元仿真方法研究了在轨底位置处垂直激发导波的传播过程。计算结果表明 V_1 模式导波仅在轨底边缘位置传播，V_2 模式导波可在轨底翼缘位置传播。

(2) 实验研究了导波对轨底损伤的监测能力。在钢轨实验平台上开展实验，通过检测相速度的方法对导波模式进行了识别，结果表明在轨底翼缘中心位置激发导波的优势模式为 V_2 模式，与半解析有限元法和有限元仿真结果一致。轨底位置缺陷检测实验结果进一步证明了 V_2 模式在轨底横向裂纹检测中应用的有效性，说明 V_2 模式是适合轨底监测的导波模态。

7 轮轨交互作用下的振动特征识别理论与实验

7.1 引 言

利用课题组在国家铁道测试中心搭建的无线传感网平台，开展了钢轨振动监测等一系列实验。本章首先研究了基于 Morlet 小波的小波能谱信号振动特征提取方法。然后，介绍了钢轨振动测试无线传感网实验平台，分析讨论了振动信号的范围及空间特征，对比了多种降噪方法的剔除效果。最后，对实验平台获取的钢轨振动加速度数据进行分析，具体为两个方面：钢轨振动与道床结构的关系；钢轨振动与行车速度间的关系。利用小波能谱理论，分析了振动的持续时间、能量和频率等特征。最后，分析了钢轨扣件松脱状态对振动特征的影响。

7.2 基于小波能谱的振动特征提取理论

Morlet 小波可以用于分析脉冲冲击响应信号。为此，本书以 Morlet 小波为母小波，提出钢轨振动特征提取理论。

7.2.1 Morlet 小波

复 Morlet 小波函数是用于构建采集信号的常见解析形式之一（图 7-1）：

$$\psi(t)=\frac{1}{\sqrt{\pi f_{\mathrm{b}}}}\mathrm{e}^{2i\pi f_{c}t}\mathrm{e}^{-\frac{t^{2}}{f_{\mathrm{b}}}}=\frac{1}{\sqrt{\pi f_{\mathrm{b}}}}\mathrm{e}^{-\frac{t^{2}}{f_{\mathrm{b}}}}[\cos(2\pi f_{\mathrm{c}}t)+i\sin(2\pi f_{\mathrm{c}}t)] \quad (7\text{-}1)$$

式中，f_{b} 是带宽；f_{c} 是小波中心频率。实际上，Morlet 小波是一个加了高斯窗的正/余弦函数，分析结果可以与传统的傅里叶变换结果紧密联系起来，所以本书选择 Morlet 小波作为母小波。

由于小波变换时频窗的不变性，小波变换在高频处的时间分辨率高、频率分辨率低，而在低频处相反。这就要选择小波中心频率 f_{c} 以便达到最优效果。f_{c} 需要满足如下约束条件：

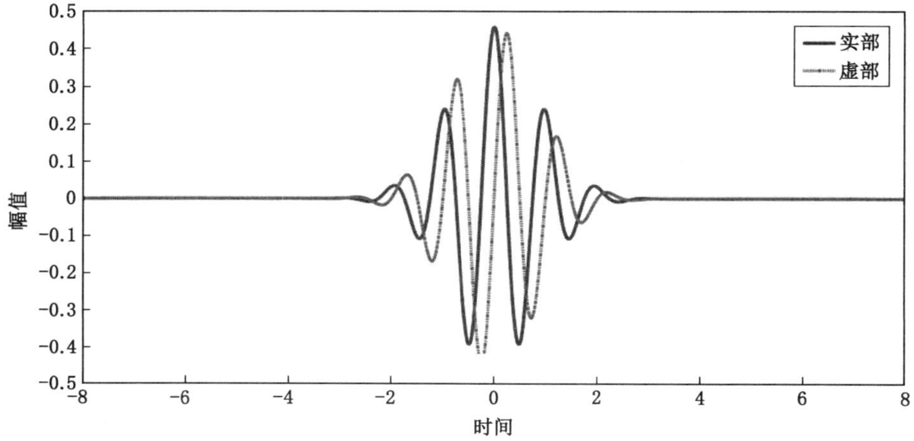

图 7-1 Morlet 小波（$f_b=1.5$，$f_c=1$）

$$2\alpha \frac{f_{1,2}}{2\pi\sqrt{2}\Delta f_{1,2}} \leqslant f_c \leqslant \frac{\sqrt{2}\gamma T f_i}{\beta} \tag{7-2}$$

式中，$f_{1,2}$为两个频率的均值；$\Delta f_{1,2}$为频率间隔；α 表示相邻高斯窗重叠程度参数，其值越大表示重叠程度越小，本书取 $\alpha=2$；γ 表示边界效应在小波变换结果上的影响长度的参数，本书取 $\gamma=0.2$；β 表示消除边界效应影响的参数，本书取$\beta=4$；T 表示要研究信号的时长。同时 $f_c>\frac{5.5}{2\pi}$，以便满足小波变换的允许条件。

在确定小波中心频率范围后，可以利用香农小波熵，选取最佳小波中心频率：

$$\begin{gathered} E=-\sum_{i=1}^{M} f_i \log_2 d_i \\ d_i=\frac{|WT_f(a_i,b)|}{\sum_{j=1}^{M}|WT_f(a_j,b)|} \end{gathered} \tag{7-3}$$

式中，a 是尺度因子；b 是平移因子；WT_f 是时域 $f(t)$小波变换系数；j 是小波系数序列。在 f_c 允许范围内，能够使小波熵取得最小值的频率，即为最佳小波中心频率 f_c。

7.2.2 小波能谱与瞬时频率

任意实信号 $f(t)$的解析信号为：

$$z(t)=f(t)+i\hat{f}(t)=A_z(t)e^{i\varphi(t)} \tag{7-4}$$

式中，$\hat{f}(t)$为信号的 Hilbert 变换。当 $A_z(t)\geqslant 0$ 和 $\varphi(t)\in[0,2\pi]$时，上式为唯一表达式。

根据平稳相位原理，可以推出 $f(t)$的复 Morlet 小波变换：

$$WT_f(a,b)=<f(t),\psi_{a,b}(t)>=\frac{1}{2}<z(t),\psi_{a,b}(t)>$$

$$=\frac{1}{2}\sqrt{a}A(b)e^{i\varphi(b)}\psi^*(a\varphi'(b))+O(|A'|,|\varphi''|) \quad (7\text{-}5)$$

式中，$\varphi(b)$表示小波变换相位；$O(|A'|,|\varphi''|)$为二阶无穷小量，可以忽略不计。

从而得出小波变换的模：

$$|WT_f(a,b)|=\frac{1}{2}\sqrt{a}A(b)e^{-i(a\varphi'(b)-w_c)^2/2} \quad (7\text{-}6)$$

对应的能量谱可以表达为：

$$E(a,b)\propto\frac{|WT_f(a,b)|^2}{a} \quad (7\text{-}7)$$

瞬时频率是标识振动信号的重要特征指标。有学者研究认为瞬时频率可以有小波脊点处的频率表示[162-163]。脊点指的是小波能谱 $E(a,b)$ 在每个位置 b_n 上具有能量最大尺度的点(a_j,b_n)。

7.3 基于动力响应的垂向轮轨作用力特征分析

当列车在轨道上行驶时对钢轨产生的损坏主要由轮轨相互作用力 P_1 和 P_2 造成。P_1 力是由于轨道不平顺(如钢轨接头)而引起的高频冲击力，作用时间短、对钢轨破坏严重；P_2 力是在轨道不平顺的干扰下，使得车辆簧下质量振荡而引起的响应力，能够加大钢轨变形，造成列车脱轨。本书利用几种参数模型，研究车轮通过钢轨低扣接头时轮轨作用力、钢轨和簧下质量随时间的变化特征。图 7-2 是车轮通过钢轨接头处的分析模型，车轮以速度 V 通过轨面折角为 α 的低扣接头。

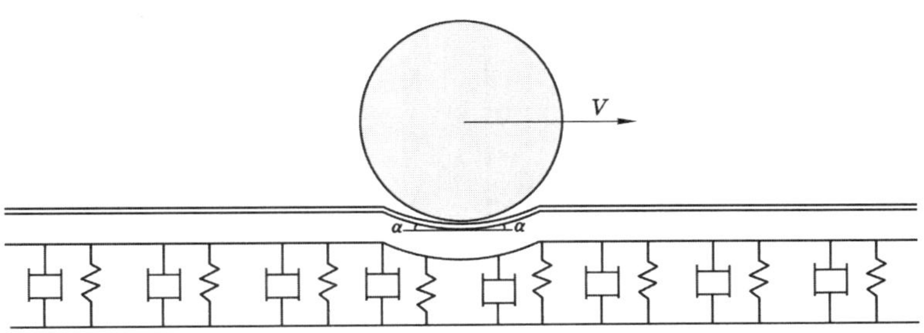

图 7-2 车轮通过低扣接头分析模型

根据我国四轮货车所采用的一级刚度弹簧悬挂、摩擦力与挠度成正比的干摩擦减振器的转向架结构，将轮轨相互作用力力学模型归纳为簧上质量 m_1、簧下质量 m_2 和钢轨等效质量 m_3 共三个质量块，如图 7-3 所示。

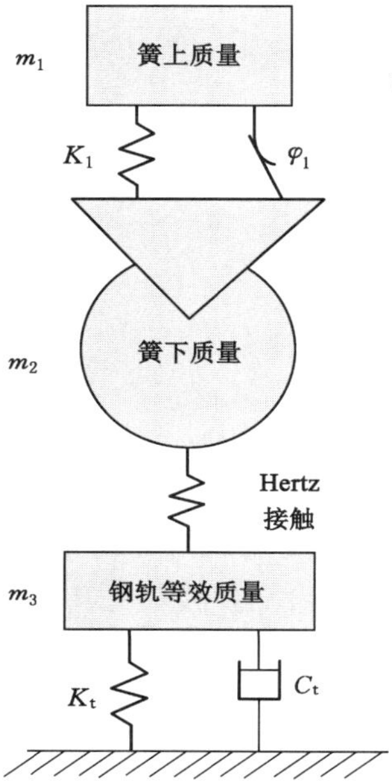

图 7-3　轮轨交互作用力集总参数模型

(1) 簧上质量

假定质量块从平衡位置加速下滑，对簧上质量作受力分析(图 7-4)。由达朗贝尔原理可知，簧上质量共受到刚度为 K_1 的弹簧力 F_{k1}、车辆减震器的摩擦力 $F_{\varphi1}$和惯性力 F_{a1}。其运动方程为：

$$F_{a1}+F_{k1}+F_{\varphi1}=0 \tag{7-8}$$

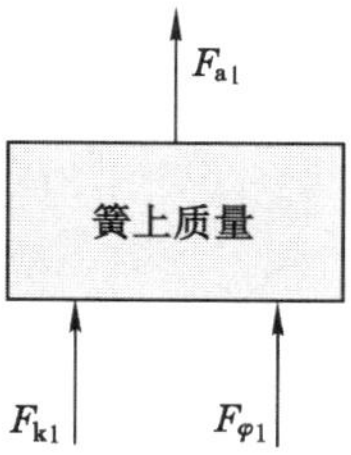

图 7-4　簧上质量受力图

式中，三个作用力分别为：

$$\begin{cases}F_{a1}=m_1y''_1\\F_{k1}=K_1(y_1-y_2)\\F_{\varphi1}=\mathrm{sgn}(y'_1-y'_2)\varphi_1K_1(f_0+y_1-y_2)\end{cases}\tag{7-9}$$

式中，m_1 为车辆分配到每个车轮上的簧上质量；y_1，y'_1和 y''_1分别为簧上质量位移、速度和加速度；y_2，y'_2 分别为簧下质量位移和速度；φ_1 为车辆减震器的相对摩擦系数；K_1 为车辆分配在每个车轮上的弹簧刚度；f_0 为车辆弹簧静挠度。

将式(7-9)代入式(7-8)整理得簧上质量振动微分方程：

$$m_1y''_1+K_1(y_1-y_2)+\mathrm{sgn}(y'_1-y'_2)\varphi_1K_1(f_0+y_1-y_2)=0\tag{7-10}$$

(2) 钢轨等效质量

假定质量块从平衡位置加速下滑，对钢轨等效质量作受力分析(图 7-5)。由达朗贝尔原理可知，钢轨等效质量共受到 Hertz 接触力 P，等效刚度 K_1 的力 F_{kt}、等效阻尼系数 C_t 的阻尼力 F_{ct}和惯性力 F_{a3}。其运动方程为：

$$F_{a3}-P+F_{kt}+F_{ct}=0\tag{7-11}$$

式中，F_{kt}和 F_{ct}分别为：

$$\begin{aligned}F_{kt}&=K_ty_3\\F_{ct}&=C_ty'_3\end{aligned}\tag{7-12}$$

式中，y_3 和 y'_3 分别是钢轨的位移和速度。

将式(7-12)代入(7-11)整理得钢轨等效质量振动微分方程：

$$m_3y''_3-P+K_ty_3+C_ty'_3=0\tag{7-13}$$

式中，m_3 为钢轨的有效质量；y''_3 为钢轨的加速度。

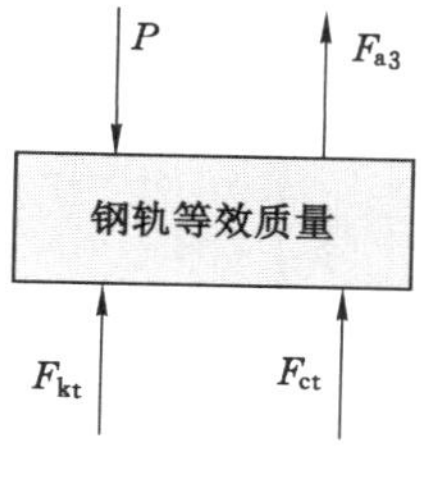

图 7-5 钢轨等效质量受力图

(3) 簧下质量

由作用力和反作用力原理，易知簧下质量受到刚度为 K_1 的弹簧力 F'_{k1}、车辆减震器的摩擦力 $F'_{\varphi1}$、Hertz 接触力 P'、重力 P_0 和惯性力 F_{a2}(图 7-6)。由达朗贝尔原理得到其运动方程为：

$$F_{a2}-F'_{k1}-F'_{\varphi 1}+P'-P_0=0 \tag{7-14}$$

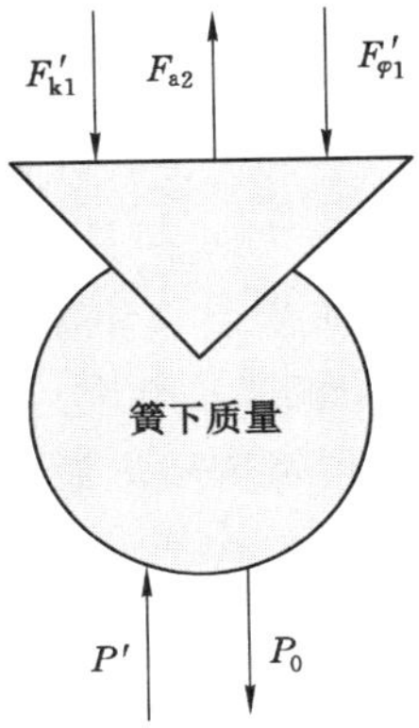

图 7-6　簧下质量受力图

式中，F'_{k1}、$F'_{\varphi 1}$和 P'分别为：

$$\begin{cases}F'_{k1}=F_{k1}\\F'_{\varphi 1}=F_{\varphi 1}\\P'=P\end{cases} \tag{7-15}$$

将式(7-15)代入式(7-14)整理得钢轨等效质量振动微分方程：

$$m_2 y''_2+K_1(y_2-y_1)+\mathrm{sgn}(y'_2-y'_1)\varphi_1 K_1(f_0+y_1-y_2)+P-P_0=0 \tag{7-16}$$

式中，m_2 为车辆分配到每个车轮上的簧下质量，y''_2 为簧下质量的加速度。

由式(7-10)、式(7-13)和式(7-16)整理得到系统的振动微分方程为：

$$\begin{cases}m_1 y''_1+K_1(y_1-y_2)+\mathrm{sgn}(y'_1-y'_2)\varphi_1 K_1(f_0+y_1-y_2)=0\\m_2 y''_2+K_1(y_2-y_1)+\mathrm{sgn}(y'_2-y'_1)\varphi_1 K_1(f_0+y_1-y_2)+P-P_0=0\\m_3 y''_3-P+K_t y_3+C_t y'_3=0\end{cases} \tag{7-17}$$

式中

$$f_0=\frac{m_1 g}{K_1} \tag{7-18}$$

$$P_0=(m_1+m_2)g \tag{7-19}$$

式中，g 为重力加速度。

当轮轨接触时，Hertz 接触力为：

$$P=\left(\frac{y_2-y_3}{G}+P_0^{3/2}\right) \tag{7-20}$$

式中,G 为 Hertz 弹性系数。

当轮轨脱离时,Hertz 接触力为 $P=0$。

对于锥形踏面车轮(图 7-7):

$$G=4.57R^{-0.149}\times10^{-8} \tag{7-21}$$

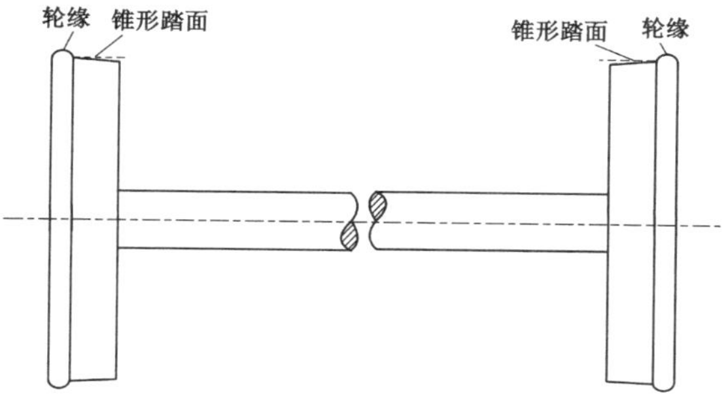

图 7-7 车轮锥形踏面

方程组(7-17)的初始条件为:

$$\begin{cases}y_1(0)=y_2(0)=y_3(0)=y'_1(0)=y'_3(0)=0\\ y_2(0)=2\alpha V\end{cases} \tag{7-22}$$

式中,V 为车辆运行速度;2α 为钢轨接头处总的轨面折角。

应用 Hertz 非线性弹性接触理论:

$$y=GP^{2/3} \tag{7-23}$$

根据方程组(7-17)、(7-22)和(7-23),利用解常微分方程的龙格-库塔法,考虑起始为非线性接触,解出车辆通过接头处产生的冲击力:

$$P'_1=\left[\left(\frac{y_2-y_3}{G}\right)+P_0^{2/3}\right] \tag{7-24}$$

待车轮驶过,非线性弹性接触消失后,低扣接头处的振动主要由冲击力引起簧下质量在钢轨振动系统中产生的响应力引起,忽略车辆的弹簧刚度、相对摩擦系数等:

$$P'_2=P_0-m_2y''_2 \tag{7-25}$$

机车车辆的簧下质量通过钢轨接头时产生的冲击力:

$$P_1=\max(P'_2) \tag{7-26}$$

由 P_1 引起的簧下质量在钢轨弹性系统中振动而产生的响应力:

$$P_2=\max(P'_2) \tag{7-27}$$

在整个车轮运动过程中,可统一用下式求出 P_1、P_2:

$$P=P_0-m_2y''_2 \tag{7-28}$$

以我国某机车为对象。$m_1=11\ 500$ kg，$m_2=864$ kg，$V=80$ km/h，$2\alpha=0.02$，$K_1=2.507\times10^6$ N/m，$\varphi_1=0.067$，$R=0.42$ m，$m_3=100$ kg，$K_t=148.72\times10^6$ N/m，$C_t=37\ 000$ N·s/m。

当车速为 $V=80$ km/h，轮轨作用力的变化曲线如图 7-8(a)所示。此时，$P_1=320.37$ kN，$P_2=251.52$ kN。由图 7-8(b)可知在车轮行驶过程中与轮轨始终保持接触，故非弹性 Hertz 接触力存在。钢轨的最大位移出现在 0.004～0.005 s 处，与 P_2 力的出现时间一致。钢轨的位移变化曲线与 P_2 力的变化曲线也颇为一致，说明钢轨垂向位移与 P_2 力密切相关。

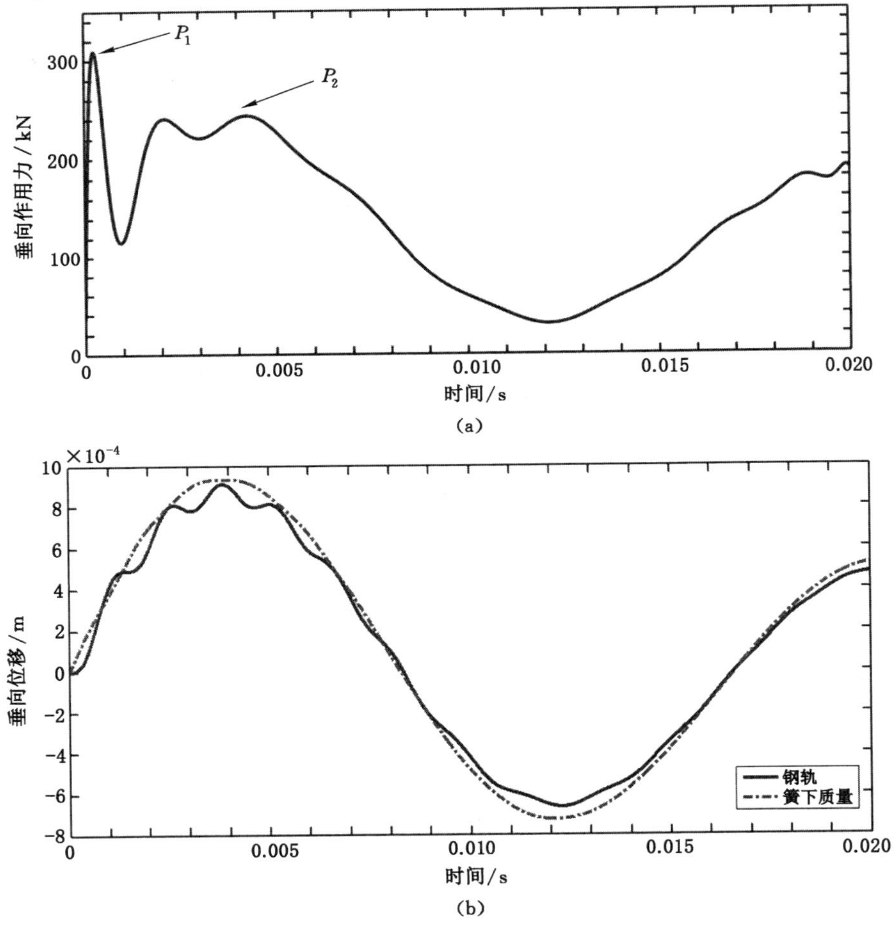

图 7-8　当车速为 $V=80$ km/h 时，轮轨作用力和位移的时变曲线

(a) 轮轨作用力变化；(b) 轮轨位移变化

当车速为 $V=100\ \text{km/h}$，$t=0.011\ \text{s}$ 时，轮轨接触脱离。当轮轨再次接触（$t=0.016\ 5\ \text{s}$）时，由于簧下质量块的冲击，钢轨非弹性接触力突然变大，如图 7-9(a)所示。此时，钢轨的位移变化剧烈，表现为振动频率较大。钢轨垂向位移变化仍然与 P_2 力的变化趋势一致，再次证明了二者的相关性，如图 7-9(b)所示。

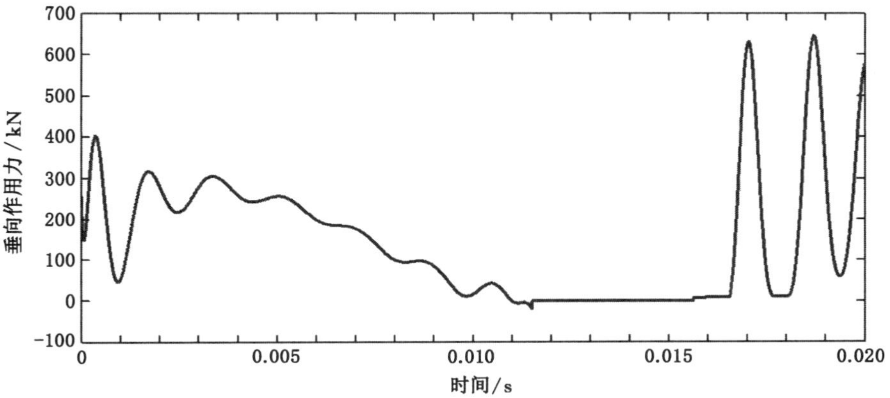

(a)

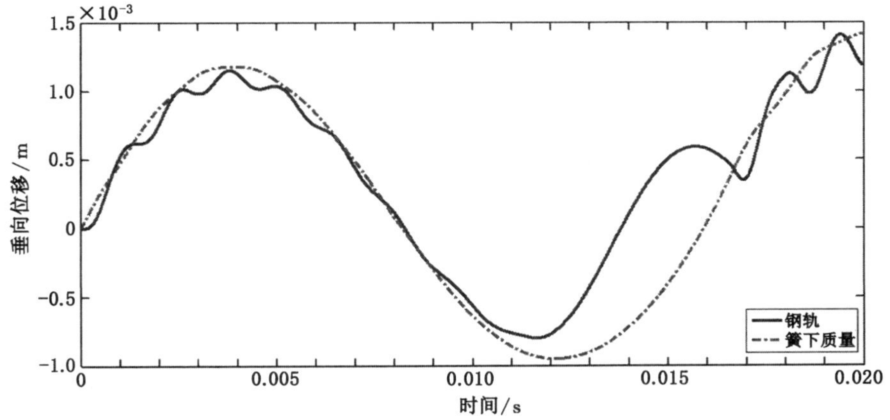

(b)

图 7-9　轮轨作用力和位移的时变曲线

(a) $V=100\ \text{km/h}$ 时，轮轨作用力变化曲线；(b) $V=100\ \text{km/h}$ 时，轮轨位移变化曲线

列车的行驶速度对 P_1、P_2 的影响明显，如图 7-10 所示，轮轨交互作用力与列车行驶速度呈正相关关系。真实运营状态下轮轨接触受力更为复杂，如钢轨会受到蠕滑力和钢轨几何形状影响。为此，本书获取了钢轨垂向振动加速度数

据，研究了振动与道床、行车速度间的关系。

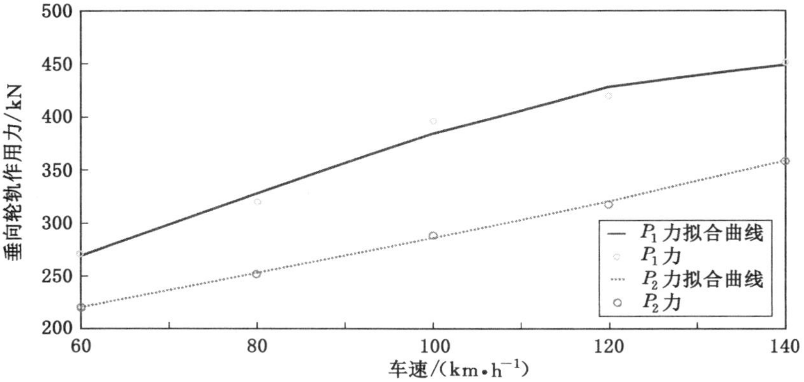

图 7-10　P_1、P_2 与行车速度 V 之间的关系

7.4　钢轨振动实验平台

7.4.1　测试钢轨

测试现场位于北京国家铁路试验中心。如图 7-11 所示，轨道是一个总长 8.5 km的环线。列车最大允许速度是 180 km/h。布设传感器的线路总长 1.50 km，无砟轨道直线段长度为 0.1 km，有砟轨道直线段长度为 0.15 km，有砟曲线段长度为 1.25 km、半径为 1 km、超高 125 mm。实验共持续 30 d，一辆动车组列车参与测试(图 7-12)。

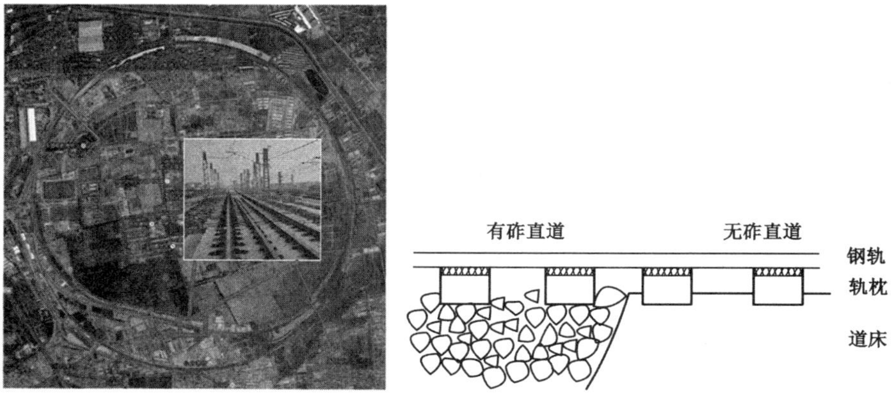

图 7-11　环线测试轨道

图 7-12 实验用高速列车

7.4.2 设备安装

研制的设备布设在 26 个位置处[图 7-13 (a)]。位置 P1 位于有砟直道和无砟直道的连接处，道床为无砟道床。位置 P2、P3 和 P4 位于无砟直道。位置 P5 位于无砟直道和有砟直道连接处，道床为无砟道床。位置 P6 位于有砟直道。位置 P7 位于有砟直道和有砟弯道连接处，道床为有砟道床。位置 P8、P9、P10、P11、P12 和 P13 位于有砟弯道。

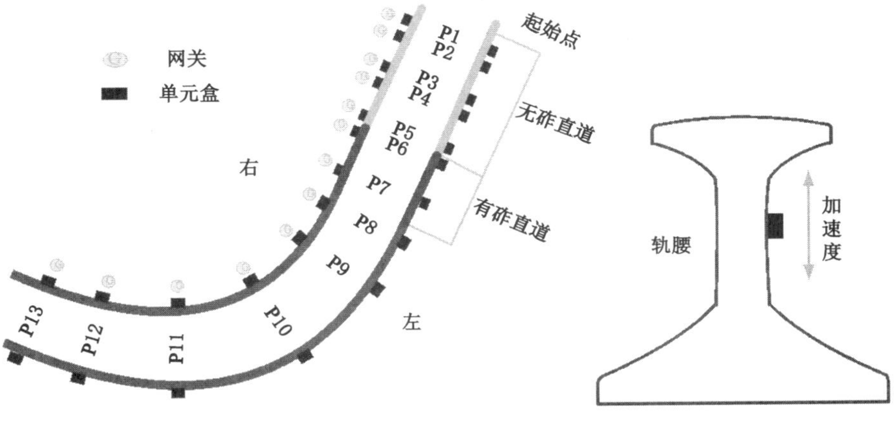

图 7-13 设备在环线上的安装

(a) 设备的铺设位置；(b) 加速度传感器安装位置(横截面)

在这些位置处安装了 26 个单元盒，在紧靠轨道旁放置了 13 个网关。一个单元盒内封装有一个静态应变节点、一个静态温度节点、一个动态应变节点和一个加速度节点。节点把传感器采集的数据保存在内存中。当传感器采集完成后，节点再把保存的数据通过 CDMA 转发到远端数据中心。由于节点内存受限，在采集参数设定时需要考虑采集数据长度。

单元盒中的压电式加速度计（范围 ±500 g，线性度 ±1%，频率响应 0～3 000 Hz，工作温度 -40～121 ℃）位于两个轨枕中间钢轨处的轨腰上，获取垂向振动数据[图 7-13 (b)]。单元盒安装在相同里程左右轨处，便于确定激励载荷相似、道床结构相似条件下的钢轨振动特性是否一致[图 7-13 (a)]。采用触发模式采集钢轨振动数据保证数据的完整性。

7.4.3 研究对象

研究的车辆-轨道系统如图 7-14 所示。测试列车行驶速度在 60～150 km/h。由于相邻的轮对（如 wp2 和 wp3）距离较短，前一轮对引起的钢轨振动可能会和后一轮对引起的振动相互叠加，引起钢轨振动耦合效应。因此，必须分析同一时刻相邻车厢车轮（沿着一条钢轨的 4 个车轮，例如 wp2 和 wp3）引起的钢轨振动值。

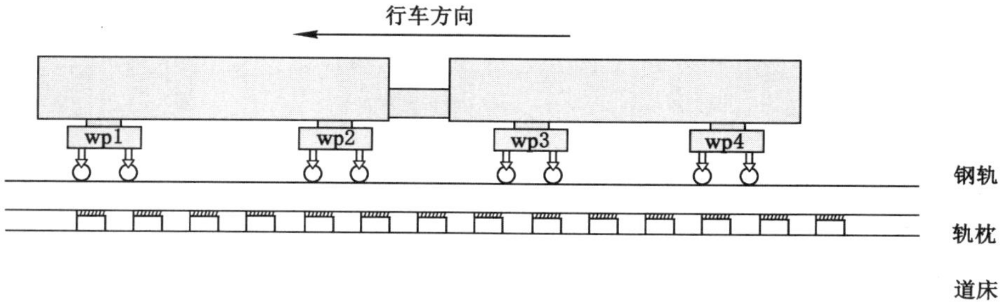

图 7-14 车辆-轨道系统

7.5 钢轨振动降噪

本节采用第四章阐述的基于贝叶斯小波包的振动数据降噪算法，对采集的 3 种道床结构的钢轨振动数据进行降噪。车速为 100 km/h。从降噪信噪比、降噪后曲线平滑度和降噪后显示的物理现象合理性共 3 个角度比较了 3 种降噪方法的降噪效果。

图 7-15 显示了贝叶斯小波包方法、硬阈值小波包法和软阈值小波包法 3 种降噪方法对无砟直道振动数据的降噪效果。图 7-15(a)显示了加速度数据测量

值，它由真实值和噪声组成。容易看到当行驶的车轮正在碾压距离节点约3个扣件远的钢轨时，钢轨振动开始变得剧烈，并形成了跳跃区。图7-15(b)显示了使用贝叶斯小波包降噪的结果。大部分噪声被除去并保留了信号的空间局部特性，信噪比 $S_{SNR}=4.70$。图7-15(c)和图7-15(d)显示了使用硬阈值小波包和软阈值小波包法降噪的结果。硬阈值小波包降噪后的信噪比 $S_{SNR}=-15.74$（信噪比为负表示信号中的噪声功率大于真实值功率），软阈值小波包降噪后的信噪比 $S_{SNR}=0.77$。两种方法除去了所有噪声，但也除去了部分真实值，丢失掉一部分空间特征信息。图7-15(c)中远离行驶的车轮的钢轨也会有微弱的振动；图7-15(d)中降噪后振动数据显得并不是很光滑，且在两个研究区域中间位置处，有的区域振动值为零，而事实是此处钢轨同样处于振动状态。

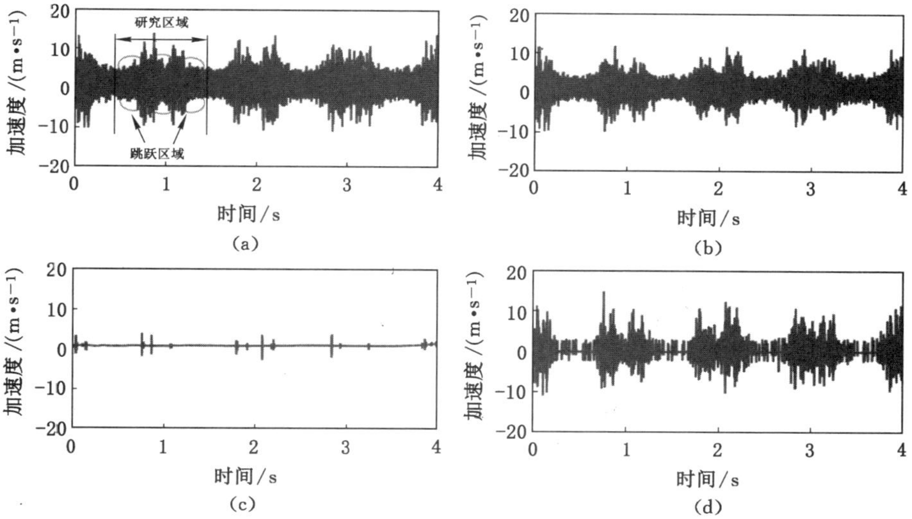

图7-15　当车速为100 km/h时，使用db4小波基对无砟直道振动数据降噪结果比较(P3右)
(a) 采集的原始信号；(b) 贝叶斯小波包降噪后的信号($S_{SNR}=4.70$)；
(c) 硬阈值小波包法降噪后的信号($S_{SNR}=-15.74$)；(d) 软阈值小波包法降噪后的信号($S_{SNR}=0.77$)

图7-16显示了贝叶斯小波包方法、硬阈值小波包法和软阈值小波包法3种降噪方法对有砟直道振动数据的降噪效果。图7-16(a)显示了加速度数据测量值，它由真实值和噪声组成。图7-16(b)显示了使用贝叶斯小波包降噪的结果。大部分噪声被除去并保留了信号的空间局部特性，信噪比 $S_{SNR}=4.51$。图7-16(c)和图7-16(d)显示了使用硬阈值小波包和软阈值小波包法降噪的结果。硬阈值小波包降噪后的信噪比 $S_{SNR}=-10.41$，软阈值小波包降噪后的信噪比 $S_{SNR}=2.71$。硬阈值、软阈值小波包降噪都认为信号中噪声干扰非常大，使得

降噪后的数据丢失了一部分空间特征信息。图 7-16(c)中从降噪后的数据观察有些区域钢轨不发生振动，这与真实的物理现象不同。图 7-16(d)中降噪后振动数据光滑度并不好，且部分区域振动值为零，而与事实不符。

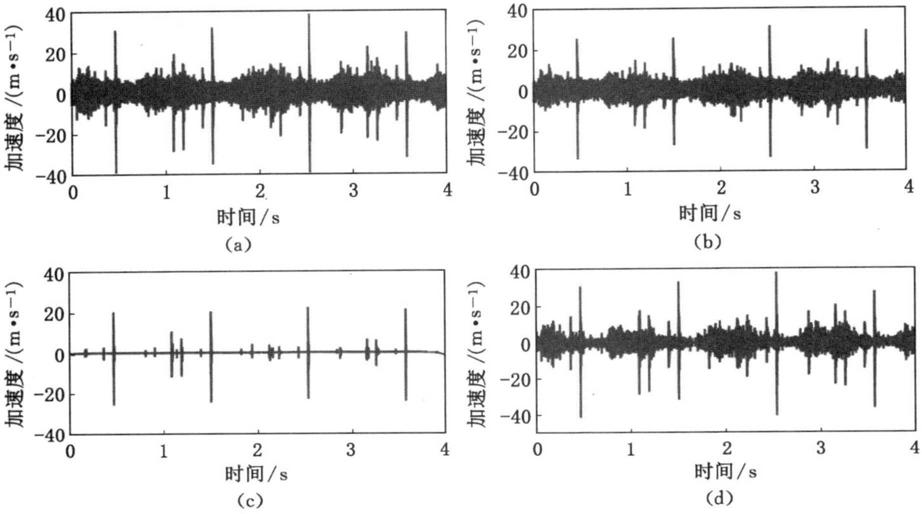

图 7-16　当车速为 100 km/h 时，使用 db4 小波基对有砟直道振动数据降噪结果比较(P6 右)

(a) 采集的原始信号；(b) 贝叶斯小波包降噪后的信号($S_{SNR}=4.51$)；

(c) 硬阈值小波包法降噪后的信号($S_{SNR}=-10.41$)；(d) 软阈值小波包法降噪后的信号($S_{SNR}=2.71$)

图 7-17 显示了贝叶斯小波包方法、硬阈值小波包法和软阈值小波包法三种降噪方法对有砟弯道振动数据的降噪效果。图 7-17(a)显示了加速度数据测量值，它由真实值和噪声组成，振动数据有明显的跳跃区。图 7-17(b)显示了使用贝叶斯小波包降噪的结果。大部分噪声被除去并保留了信号的空间局部特性，信噪比 $S_{SNR}=4.50$。图 7-17(c)和图 7-17(d)显示了使用硬阈值小波包和软阈值小波包法降噪的结果。硬阈值小波包降噪后的信噪比 $S_{SNR}=-7.34$，软阈值小波包降噪后的信噪比 $S_{SNR}=-1.98$。信噪比为负，表明两种方法都认为信号中噪声干扰非常大，湮没了真实信号。这使得降噪后的数据丢失了一部分空间特征信息。图 7-17(c)中从降噪后的数据观察有些区域钢轨不发生振动，这与真实的物理现象不同。图 7-17(d)中降噪后振动数据光滑度并不好，且部分区域振动值为零，与实际情况不符。

通过上述比较，发现贝叶斯小波包降噪方法更好地保留了信号的局部性特征。而硬阈值小波包方法和软阈值小波包方法总是会过分降噪。这是因为当振动突然剧烈时，小波分解的系数会很大，系数中能量所占比重较多。此时，从研

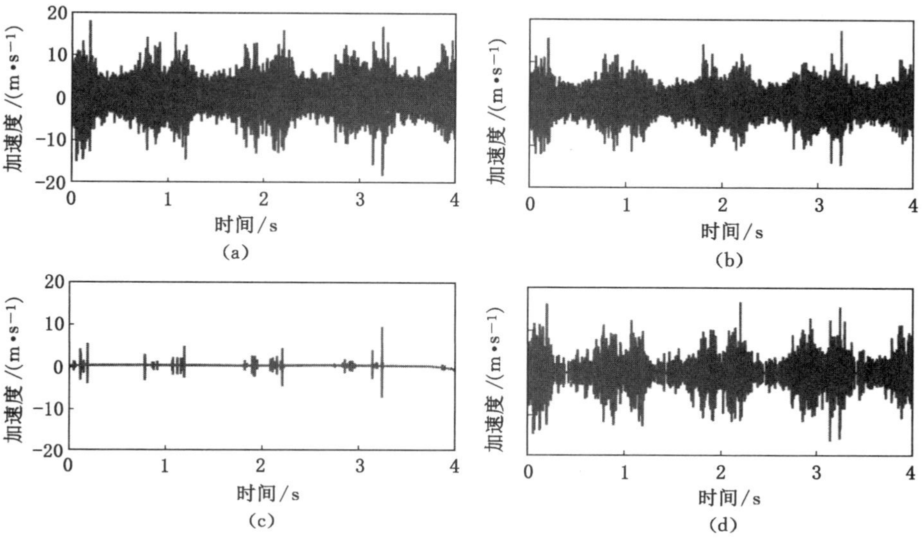

图 7-17 当车速是 100 km/h 时，使用 db4 小波基对有砟弯道振动数据降噪结果比较(P10 右)

(a) 采集的原始信号；(b) 贝叶斯小波包降噪后的信号($S_{SNR}=4.50$)；
(c) 硬阈值法降噪后的信号($S_{SNR}=-7.34$)；(d) 软阈值法降噪后的信号($S_{SNR}=-1.98$)

究区域获取的阈值较实际阈值偏大，当用硬阈值和软阈值法对振动数据降噪时，会把一些有用信息当作噪声剔除。

此外，由于钢轨电流、剧烈的钢轨振动和恶劣的周边环境等都会干扰传感器的采集，使得信号中含有较多噪声信息。通常，针对这些含噪声较多的数据，研究人员会根据具体情况设定阈值，提高信噪比。但是，由于每个传感器抗干扰能力不同，周边环境不同，选择的阈值也会不同，当传感器数量较多时，人为选定阈值的方法耗时耗力。而贝叶斯小波包降噪能够自动地根据小波系数特征降噪，摆脱了需要选择阈值的限制，实现了程序化地降噪采集数据。

7.6 基于小波能谱的钢轨振动特征分析

7.6.1 振动特征与轨道结构间的关系

在本次实验中，客运列车在轨道上高速行驶提供外界激励，列车中每个座位放置 80 kg 标准重物用于模拟乘客体重。列车以 150 km/s 的恒速通过无砟直道、有砟直道和有砟弯道 3 处测量点，分析采集的钢轨振动加速度数据。

7.6.1.1 模态分析

利用模态分析方法获取不同轨道结构下振动数据的功率-频率信息，确定振动的频率特征，以便进行后续的小波能谱分析。

当列车行驶过弯道时，欠超高公式如下所示[164]：

$$h_1 = 11.8 \times \frac{V^2}{R - h_2} \tag{7-29}$$

式中，h_1 表示欠超高值；V 表示当前列车速度；R 表示弯道半径；h_2 表示弯道超高。当列车行驶过测试区弯道时，已知 $V=150$ km/h，$R=1$ km，$h_2=125$ mm，易知列车处于欠超高状态 $h_1=140.5$ mm。表明列车通过弯道时，需要外轨提供向心力。

考虑到轨道结构和几何特征，本书把直道位置 P3 右侧和 P6 右侧、弯道位置 P10 内外轨处钢轨振动认作典型钢轨振动特征。图 7-18(a)、图 7-18(c)、图 7-18(e)、图 7-18(g)显示了不同轨道条件下的典型加速度时程曲线。从图可知，3 种道床条件下加速度峰值在 20～30 g、20～30 g 和 10～20 g 范围内。使用 Welch 改进周期图法，加速度信号的功率谱密度如图 7-18(b)、图 7-18(d)、图 7-18(f)、图 7-18(h)所示。频率分辨率是 0.6 Hz，钢轨振动的频率域可以分成低频、中频和高频三个子域[165]。它们由不同的振动源主导，如轮轨间的 Hertz 接触引起钢轨的中频振动；钢轨表面的垂向短波不平顺或车轮踏面瑕疵触发高频振动。图 7-18 显示出无砟直道和有砟直道的低频带在 20～150 Hz；3 种钢轨的中频带分布在 600～700 Hz；高频带分布在 1 500～2 000 Hz 处。

同一子带、不同道床下的功率谱密度是不同的，这与该子带主导振动源结构改变有关。有砟直道的功率谱密度[图 7-18(d)]低于无砟直道的功率谱密度[图 7-18(b)]，这是因为道砟间的摩擦和碰撞起到了振动阻尼作用。有砟弯道的功率谱密度是 3 种工况中最低的[图 7-18(f)、图 7-18(h)]。并且在 0～100 Hz处，有砟弯道内轨功率谱密度还低于外轨功率谱密度。钢轨的低阶振动由车辆系统的重力促使钢轨弹性变形引起。重力能够分解成垂向方向和侧向方向两种力，分别作用在钢轨上，引起钢轨垂向和侧向弹性变形。当火车驶过直道时，主要作为垂向力的重力，促使钢轨垂向振动。当火车在弯道行驶时，因为弯道外轨高于内轨，又由于列车处于欠超高状态，车厢会向内倾斜。一部分重力会分解成向心力，降低了作用于钢轨的垂向力。同时，钢轨的侧向力，尤其是外轨的侧向力，会增加并作为车辆系统向心力的一部分。重力垂向方向的力的降低和侧向方向的力的增加使得钢轨垂向振动减弱，侧向振动增强。即弯道的侧向振动变得剧烈并耗散了垂向振动的能量，使得弯道功率谱密度低于直道功率谱密度。此外，弯道上惯性离心力将机车推向外轨，加大了外轨的压力，使得外轨垂向压力高于内轨垂向压力，造成外轨功率谱密度高于内轨功率谱密度。

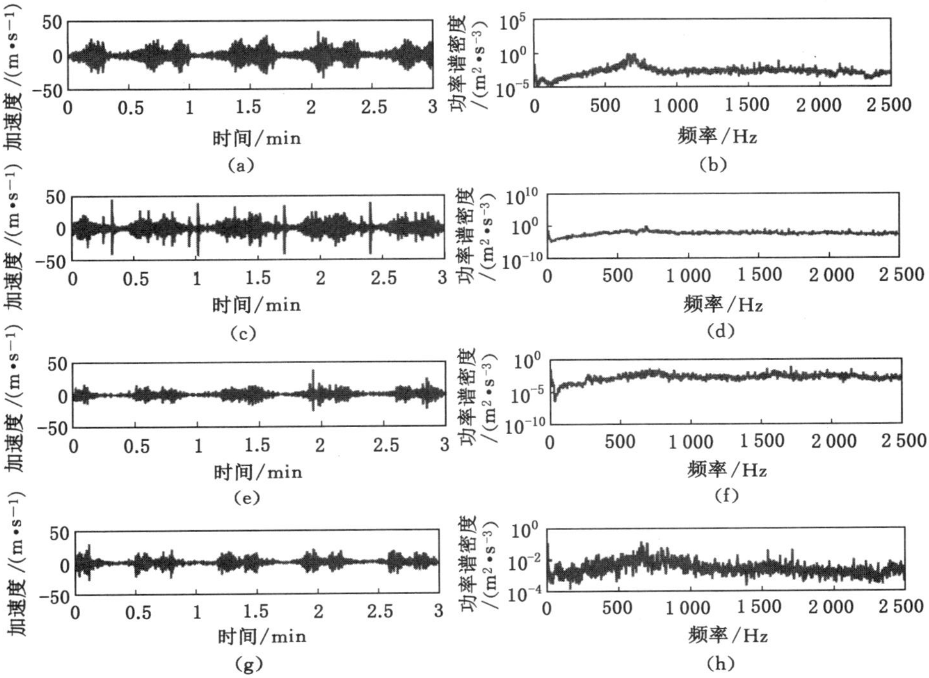

图 7-18　当客运列车以 150 km/h 通过环线时典型垂向加速度时间历程和功率谱密度

(a) 无砟直道(P3 右)时间历程;(b) 无砟直道(P3 右)功率谱密度;

(c) 有砟直道(P6 右) 时间历程;(d) 有砟直道(P6 右) 功率谱密度;

(e) 有砟弯道振动(P10 左) 时间历程;(f) 有砟弯道振动(P10 左) 功率谱密度;

(g) 有砟弯道振动(P10 右) 时间历程;(h) 有砟弯道振动(P10 右) 功率谱密度

7.6.1.2　小波分析

本书分析了钢轨的振动能量、瞬时频率的时变特征。图 7-19 展示了位置 P3 右侧和 P10 左侧的节点采集数据经过小波变换后的能谱图。它们分别代表直线和弯道的钢轨振动特征。当车速为 150 km/h 时,相邻车轮间出现明显振动耦合现象,必须同时分析 7.4.3 节介绍的两个车轮(称为研究对象)引起的钢轨振动。从图可知,不同研究对象间引起的钢轨振动具有相似性。如图 7-19(b),0.5～1 s 间的振动和 2～2.5 s 间的振动来自两个不同的研究对象,但是它们的持续时间(0.5 s 左右)、能量大小(30～53)和频率(660～740 Hz)都具有相似性。因此,通过研究一个对象,可以获取足够的信息。

使用 Morlet 小波对图 7-18 所示振动时间历程曲线中一个研究区域的加速度数据进行小波变换,由公式(7-7)可以获取小波能谱,如图 7-20 所示。

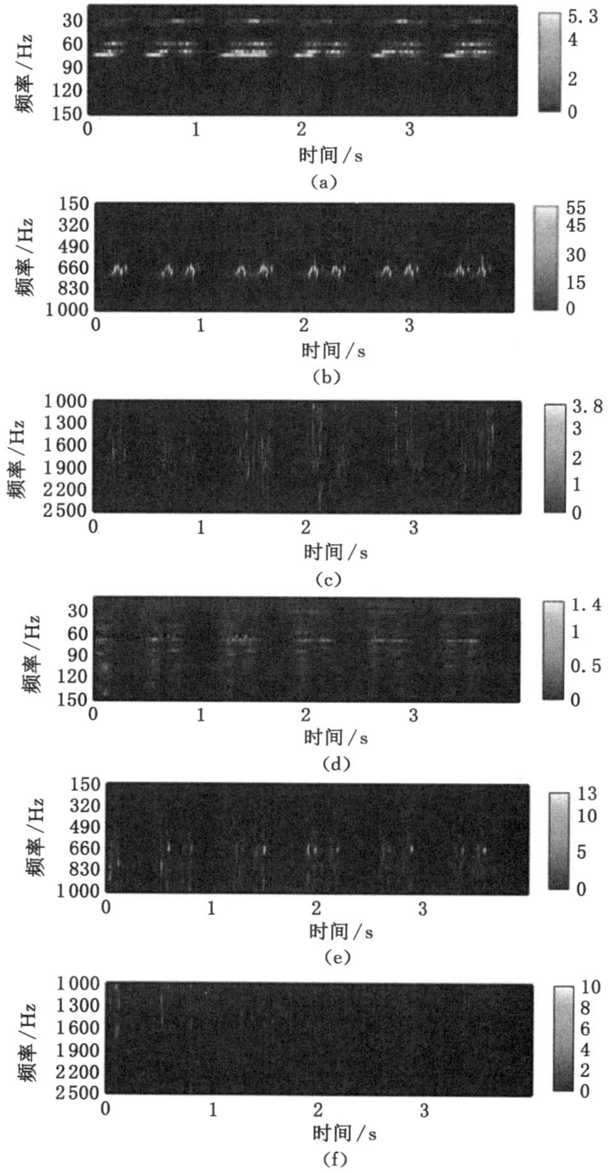

图 7-19　车速为 150 km/h 时，完整采集数据的小波能谱图

(a) 无砟直道(P3 右侧)低频区；(b) 无砟直道(P3 右侧)中频区；
(c) 无砟直道(P3 右侧)高频区；(d) 有砟弯道外侧(P10 左侧)低频区；
(e) 有砟弯道外侧(P10 左侧)中频区；(f) 有砟弯道外侧(P10 左侧)高频区

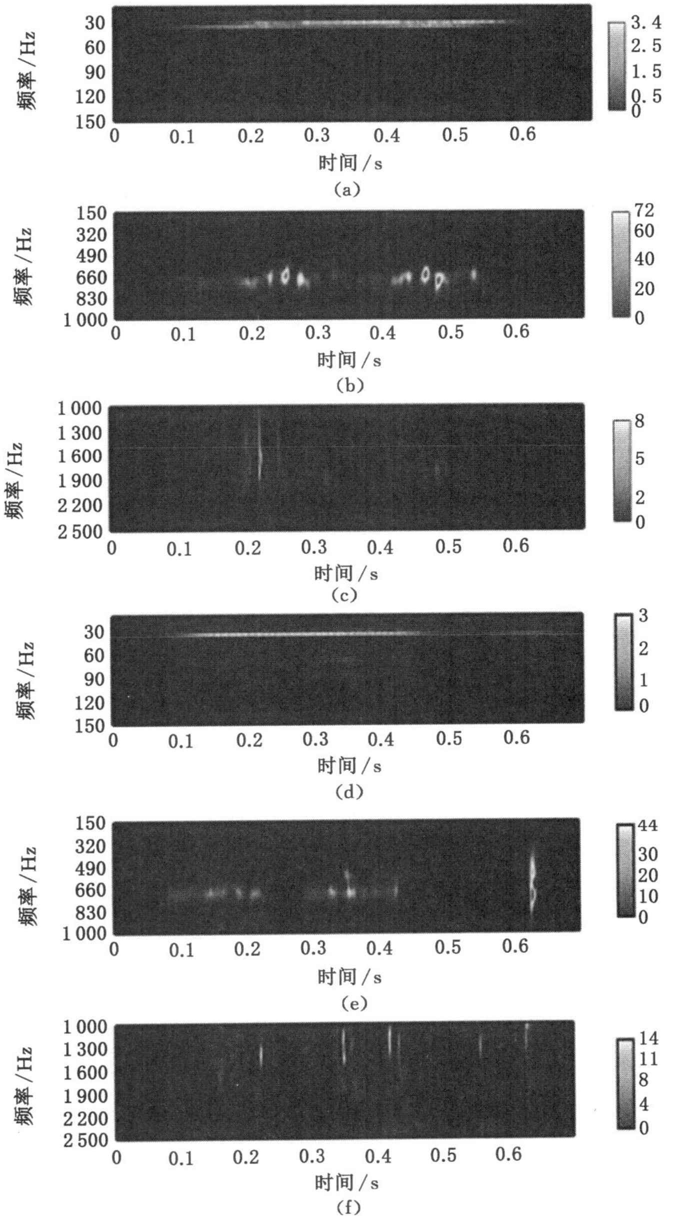

图 7-20　不同轨道结构下的小波时频能量谱

(a) 无砟直道(P3 右)低频区;(b)无砟直道(P3 右)中频区;(c) 无砟直道(P3 右)高频区;(d) 有砟直道(P6 右)低频区;(e) 有砟直道(P6 右)中频区;(f) 有砟直道(P6 右)高频区

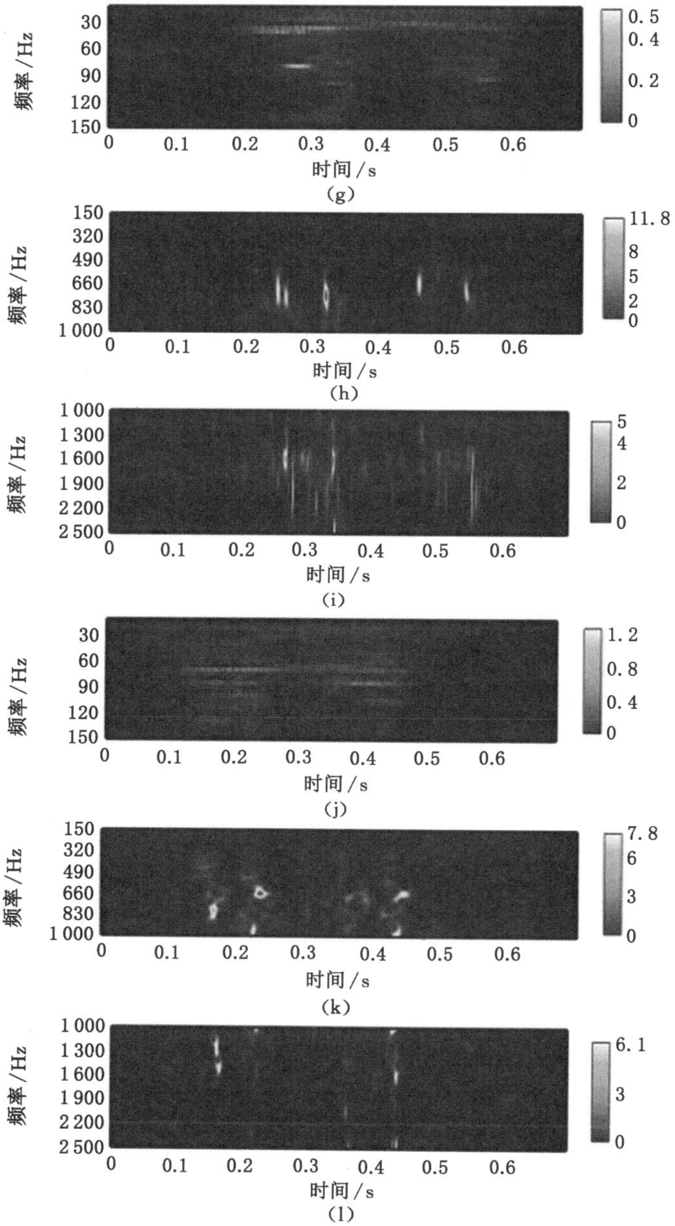

图 7-20（续）

(g) 有砟弯道内轨(P10 右)低频区；(h) 有砟弯道内轨(P10 右)中频区；(i) 有砟弯道内轨(P10 右)高频区；(j) 弯道外轨(P10 左)低频区；(k) 弯道外轨(P10 左)中频区；(l) 弯道外轨(P10 左)高频区

针对无砟轨道，低频带能量大约持续 0.7 s[图 7-20(a)]；中频带能量持续大约 0.5 s，且大部分能量在 0.2～0.3 s 和 0.4～0.5 s 间产生[图 7-20(b)]。中频带能量比低频和高频带能量大，且是 3 种轨道条件中能量最大的。有砟直道低频带的能量与无砟直道低频带能量相似。此外，在 400～900 Hz 频率带 0.62 s 处有个能量集中带[图 7-20(e)]。中频区域的能量持续了大约 0.2 s，分别在0.1～0.2 s 和 0.3～0.4 s 间[图 7-20(e)]。针对有砟弯道，3 个频率带中的能量均比其他 2 个轨道条件下的能量小，且外轨低频带能量比内轨低频带能量大。在有砟弯道外轨 1 000 Hz 处，存在能量集中带。

此外，还可以获取振动持续时间。又因为车速是 150 km/h，也就可以获取到振动的影响范围，如表 7-1 所示。表中数据是车辆行驶 20 圈所得数据的统计结果，置信区间是在 5%以内。表中显示无砟直道高频带的振动影响范围最小，大约是 4.2 m。已知扣件(或轨枕)间距 0.6 m，说明当行驶的车轮距离测量点 3 个轨枕(或扣件)远时，钢轨高频区振动开始剧烈。而我国客运火车的车轮周长少于 3.2 m，这就意味着一个测量点能监测一个完整车轮的踏面情况。

表 7-1　不同频率带振动的影响范围

频率带	无砟直道/m	有砟直道/m	有砟弯道内轨/m	有砟弯道外轨/m
低	20.8	15.0	12.6	12.6
中	12.6	8.2	6.6	6.6
高	4.2	6.6	6.6	6.6

由 7.2.2 节知识获取振动的瞬时频率(图 7-21)。影响瞬时频率的因素非常复杂，包括轨枕的振动、耦合系统内部的共振响应，如车轮、钢轨和轨枕在轨道上的谐振。此外，车轮横截面的几何非对称性也会导致垂向和侧向车轮运动的耦合，进一步增加了振动成分的复杂性。但是，通过获取振动期间频率的众数，可以确定主要瞬时频率。从图 7-21(a)和图 7-21(d)中可以知道直道区间第一垂向瞬时频率大约为 30 Hz，从图 7-21(g)和图 7-21(j)可知弯道内外轨处第一垂向瞬时频率大约为 60 Hz。在这个振动区域，钢轨和轨枕在道床上谐振[166]。从图 7-21(b)、图 7-21(e)、图 7-21(h)和图 7-21(k)获知第二瞬时频率分别是700 Hz和 790 Hz。在这个频率带内，钢轨和轨枕已不再谐振，而是一定程度上由垫片属性确定(图 7-22)。从图 7-21(c)、图 7-21(f)、图 7-21(i)、图 7-21(l)获知第三主瞬时频率大约是 1 821 Hz、1 720 Hz 和 1 600 Hz。这个频率带的振动主要受道床结构影响。由于有砟直道道床砟粒间存在相互作用，这使得有砟直道的瞬时频率比无砟直道的瞬时频率具有更大的波动性。另外，比起直道，弯道在侧向方向具有更大的弹

性，导致更大的接收率和更低的瞬时频率[图 7-21(i)、图 7-21(l)]。

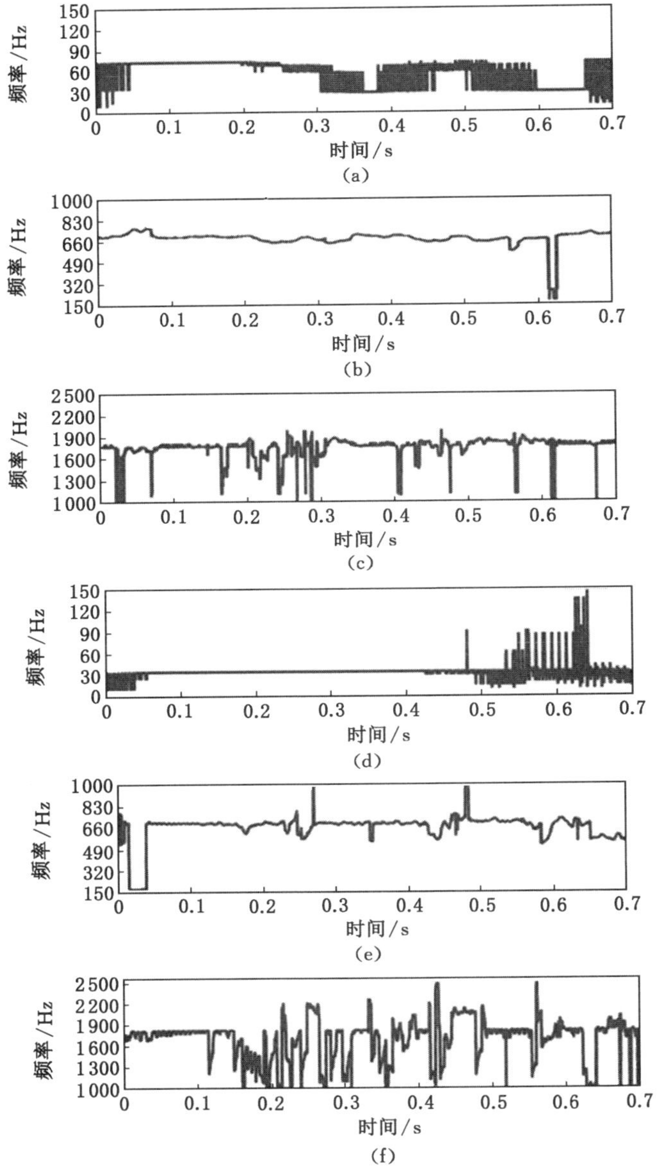

图 7-21　不同轨道结构下的瞬时频率

(a) 无砟直道(P3 右)低频区；(b) 无砟直道(P3 右)中频区；(c) 无砟直道(P3 右)高频区；(d) 有砟直道(P6 右)低频区；(e) 有砟直道(P6 右)中频区(f) 有砟直道(P6 右)高频区

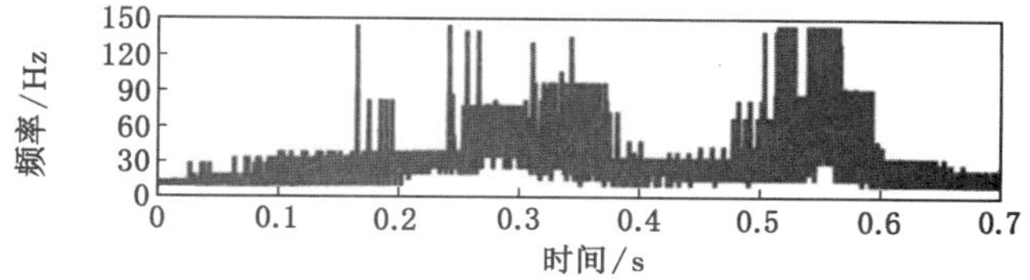

(g)

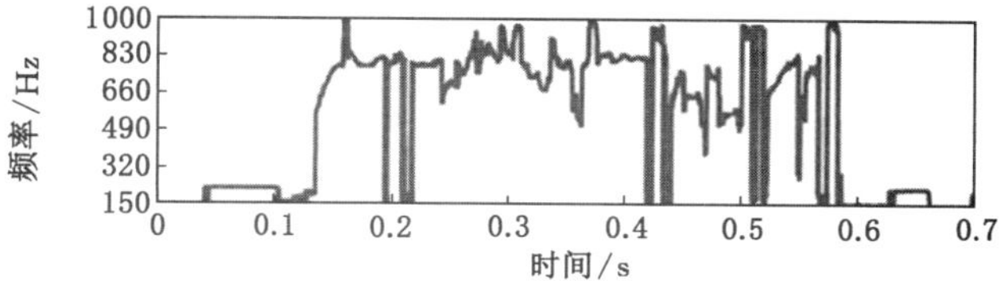

(h)

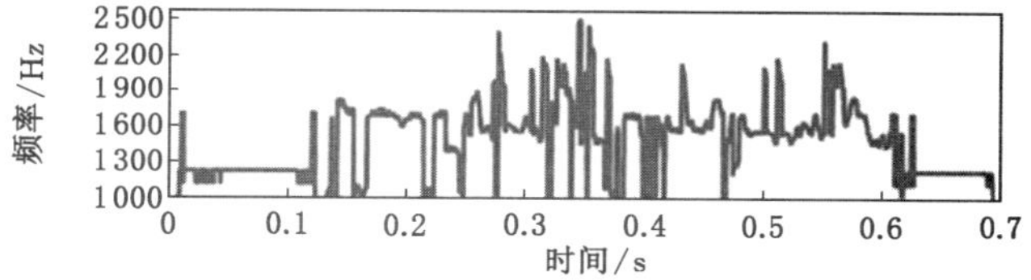

(i)

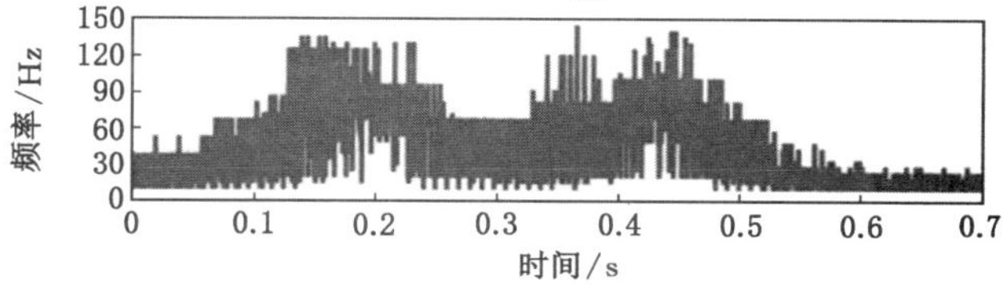

(j)

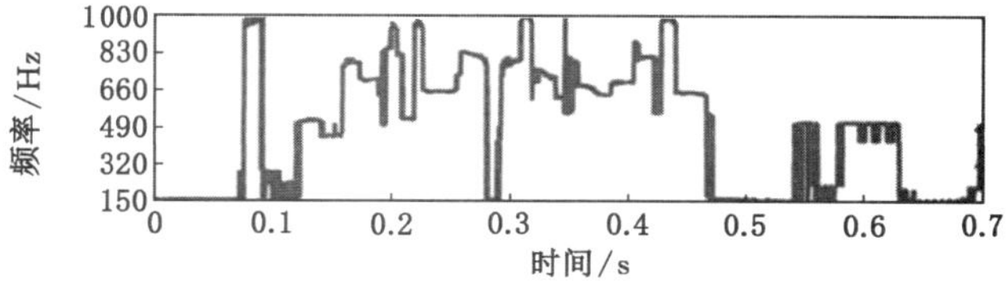

(k)

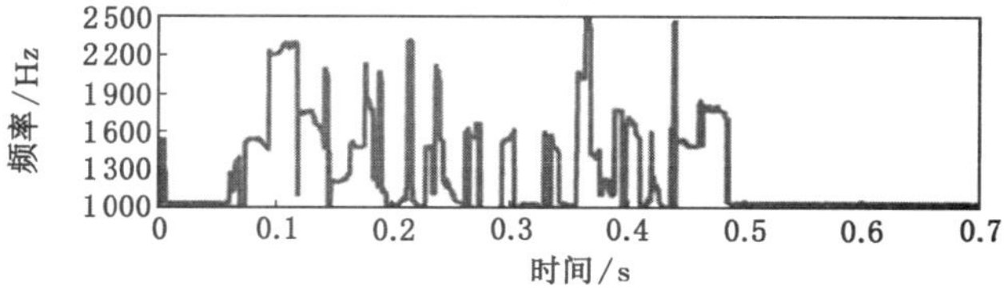

(l)

图 7-21（续）

(g) 有砟弯道内轨(P10 右)低频区;(h)有砟弯道内轨(P10 右)中频区;(i) 有砟弯道内轨(P10 右)高频区;
(j) 弯道外轨(P10 左)低频区;(k) 弯道外轨(P10 左)中频区;(l) 弯道外轨(P10 左)高频区

图 7-22 轨道垫片

7.6.2 振动特征与行车速度间的关系

列车分别以 60 km/h、80 km/h、100 km/h、120 km/h 和 140 km/h 恒速通过测试区。因为我国高速铁路道床以无砟直道为主,所以我们以无砟直道区为研究对象,分析振动特征与行车速度间的关系。

采集的数据经过复 Morlet 小波变换,由式(7-7)可以获取时频能量谱,见图 7-23。随着车速的增加,振动能量越来越大。当车速分别是 60 km/h 和 80 km/h时,低频区域、高频区域振动能量的分布和大小相似,中频区域的振动能量明显增加;当车速分别是 100 km/h 和 120 km/h 时,低频区域、中频区域和高频区域振动能量的分布和大小同样相似。当车速是 100 km/h 时,相邻车轮间的振动出现耦合现象。此外,还可以获取振动持续时间,当车速是 100 km/h、120 km/h 和 140 km/h,剧烈振动的持续时间分别是 0.5 s、0.4 s 和 0.3 s。而它们的振动影响范围差不多相等,大约是 14 m。随着车速增加,高频区域振动能量几乎相同,意味着钢轨表面或者车轮踏面几乎没有瑕疵;中频区域的能量变得更大。

由 7.2.2 节知识,获取每种速度下不同频率带的瞬时频率,如图 7-24 所示。从图 7-24(a)、图 7-24(d)中得到第一阶垂向瞬时频率是 63 Hz,图 7-24(g)、图 7-24(j)、图 7-24(m)中得到第一阶垂向瞬时频率是 30 Hz。低频区振动反映了钢轨和轨枕的谐振。第二阶瞬时频率由轨道垫片性质决定。在这个频率带有一个随速度增加而发生平移的瞬时频率,它们呈线性关系[图 7-24(p)]。在中频区域,从图 7-24(b)、图 7-24(e)、图 7-24(h)看出主瞬时频率为 830 Hz。图 7-24(n)中,平移瞬时频率的振动与主瞬时频率的振动几乎重叠,以至于不能分辨 830 Hz 频率处的平移瞬时频率和主瞬时频率信息。从图 7-24(c)、图 7-24(f)、图 7-24(i)、图 7-24(l)、图 7-24(o)中可以知道第三瞬时频率大约是 1 700 Hz。在这个区域,振动受道床影响。这使得瞬时频率在 1 400～2 000 Hz 波动。

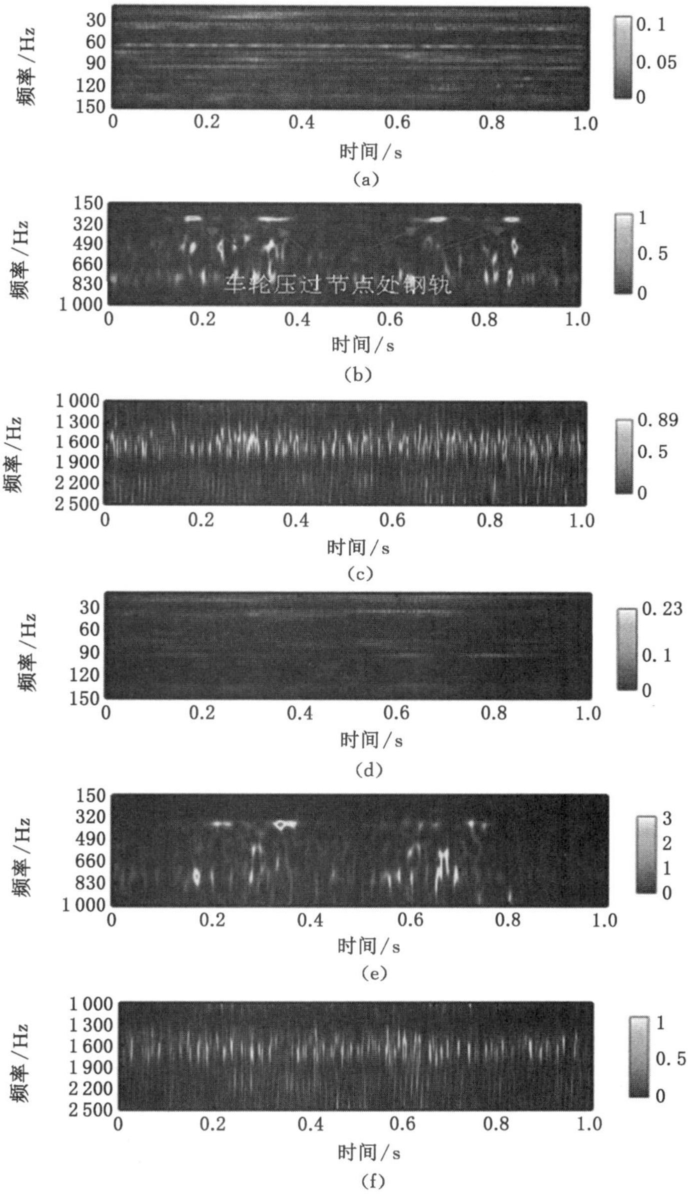

图 7-23 不同行车速度下无砟直道钢轨振动时频能量谱（P3 右）

(a) 60 km/h 低频区；(b) 60km/h 中频区；(c) 60 km/h 高频区；

(d) 80 km/h 低频区；(e) 80 km/h 中频区；(f) 80 km/h 高频区；

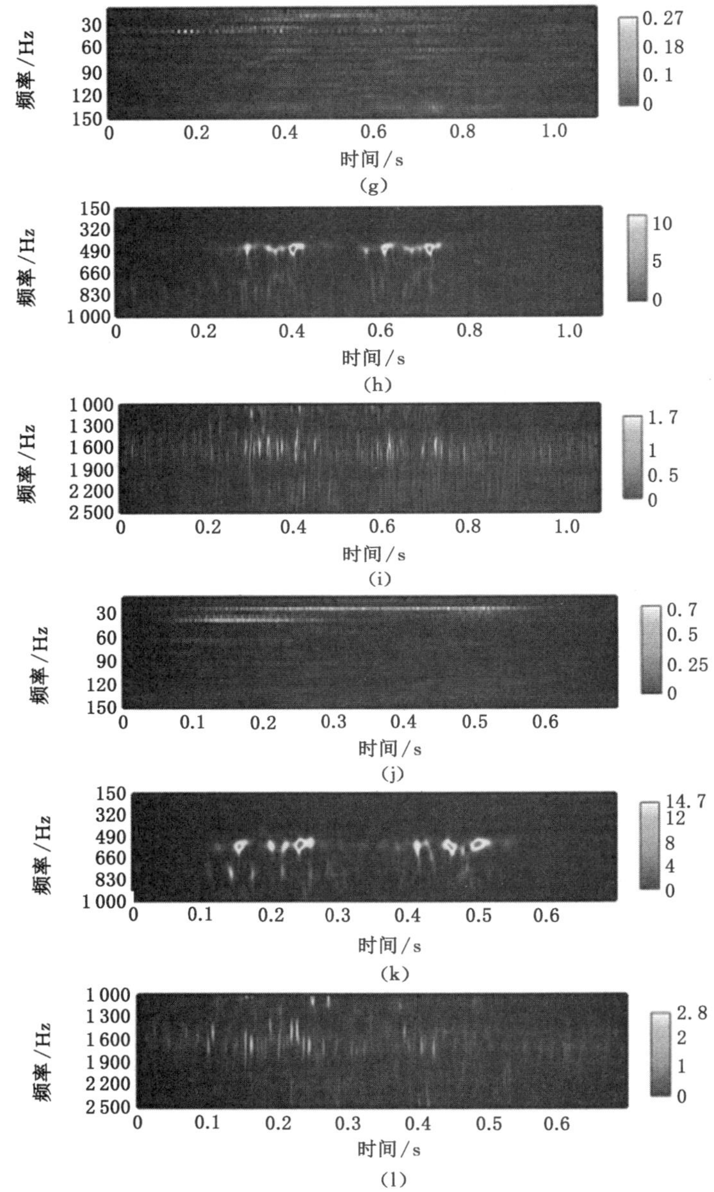

图 7-23（续）

(g) 100 km/h 低频区；(h) 100 km/h 中频区；(i) 100 km/h 高频区；
(j) 120 km/h 低频区；(k) 120 km/h 中频区；(l) 120 km/h 高频区

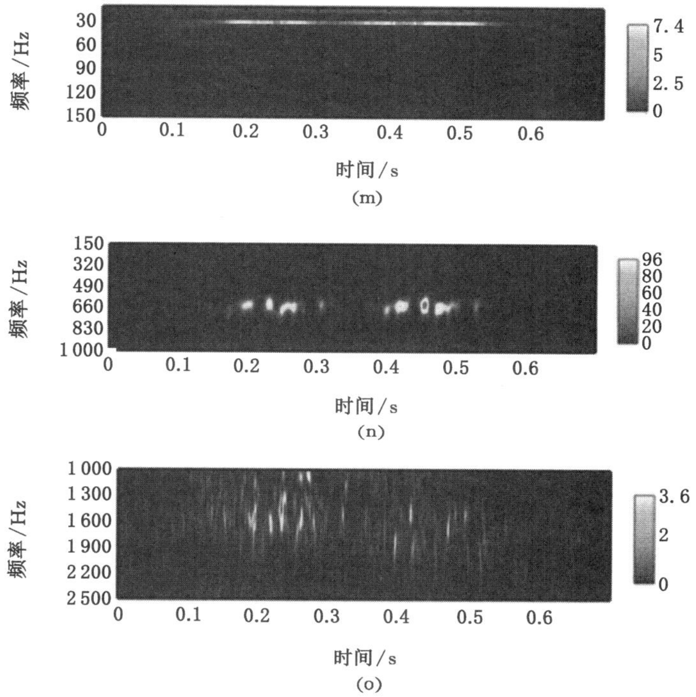

图 7-23（续）

(m) 140 km/h 低频区；(n) 140 km/h 中频区；(o) 140 km/h 高频区

本书获取 4 个测试位置(图 7-14 中 P2 左侧、P2 右侧、P3 右侧和 P4 右侧)的平移瞬时频率，得到速率-频率曲线，发现平移瞬时频率与行车速度呈线性关系[图 7-24(p)]。这与 N. Triepaischajonsak[167] 发现的频率随车速增加的现象相同。在实验中，Triepaischajonsak 测量了距离轨道 0 m 和 25 m 的地面振动，且车速在 36～180 km/h 之间。本书把加速度传感器安置在钢轨上，测量了钢轨的振动，行车速度在 40～150 km/h。

在图 7-23(n)中，中频带振动能量明显比其他速度形成的中频带振动能量大[图 7-23(b)、图 7-23(e)、图 7-23(h)、图 7-23(k)]。这是因为当车速在 140 km/h时，平移瞬时频率与中频带的主瞬时频率几乎相同，意味着两种形式的振动能量几乎叠加，造成了此时刻的中频振动能量明显变大。此时的钢轨振动剧烈，会对轨道结构造成严重破坏。为此，在国家铁路试验中心无砟直道区间段行车速度应尽量不要在 140～150 km/h，避免形成振动叠加现象。

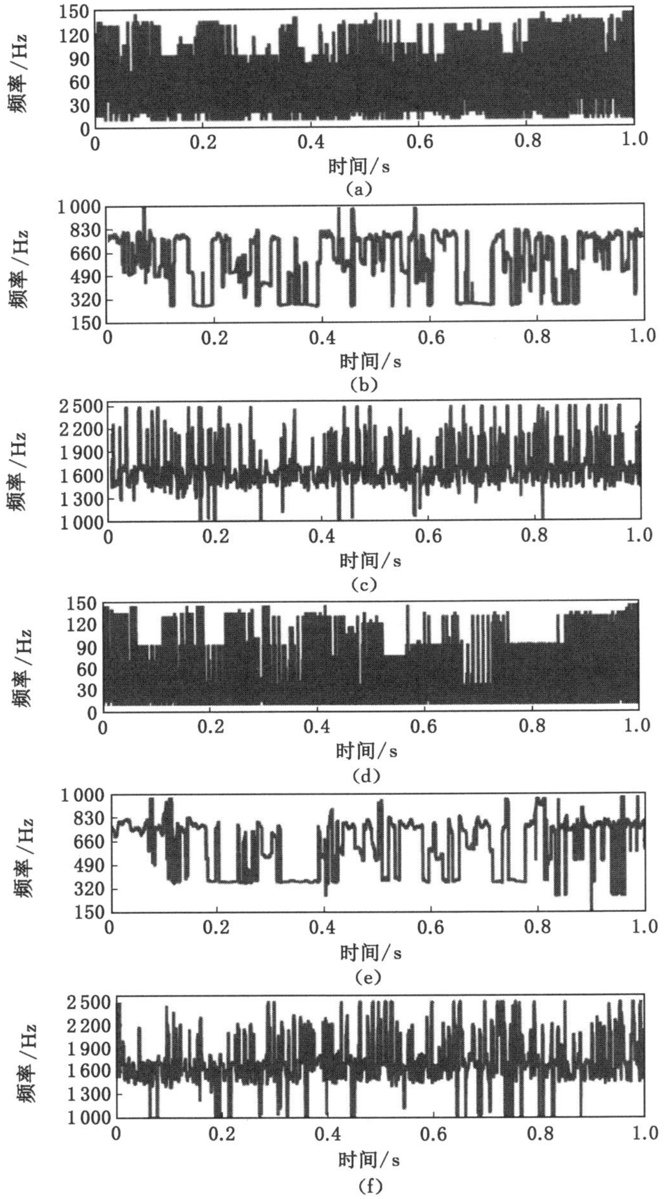

图 7-24　不同行车速度下无砟轨道瞬时频率(P3 右)

(a) 60 km/h 低频区;(b) 60 km/h 中频区;(c) 60 km/h 高频区;

(d) 80 km/h 低频区;(e) 80 km/h 中频区;(f) 80 km/h 高频区

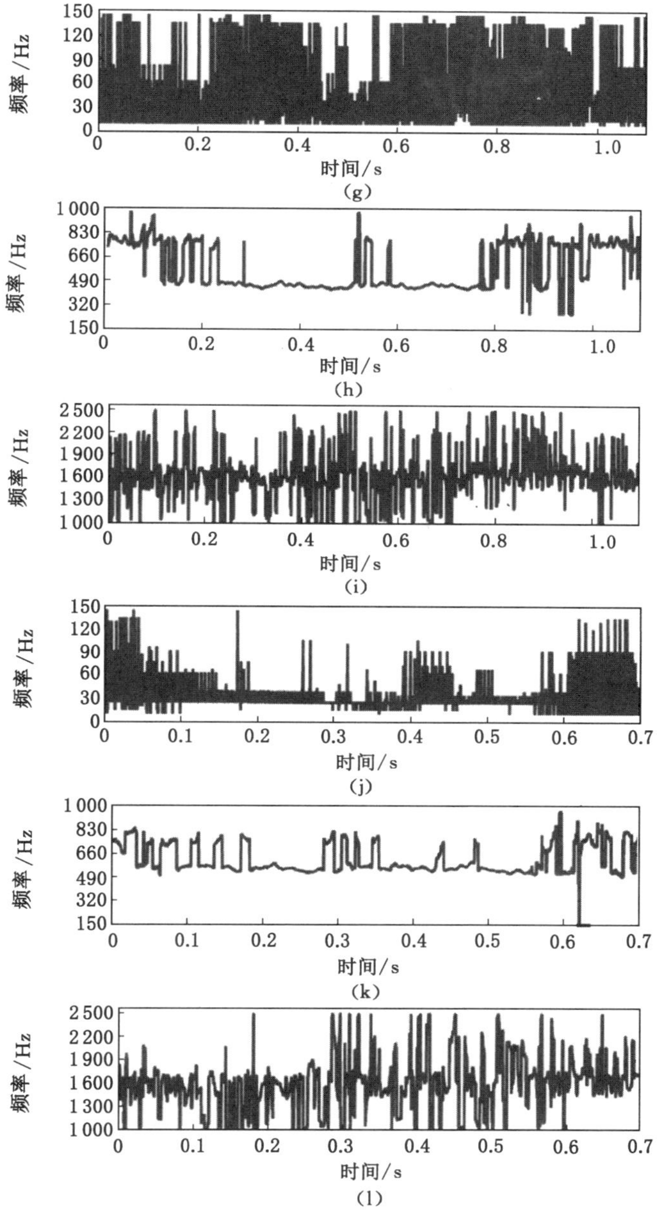

图 7-24（续）

(g) 100 km/h 低频区；(h) 100 km/h 中频区；(i) 100 km/h 高频区；

(j) 120 km/h 低频区；(k) 120 km/h 中频区；(l) 120 km/h 高频区

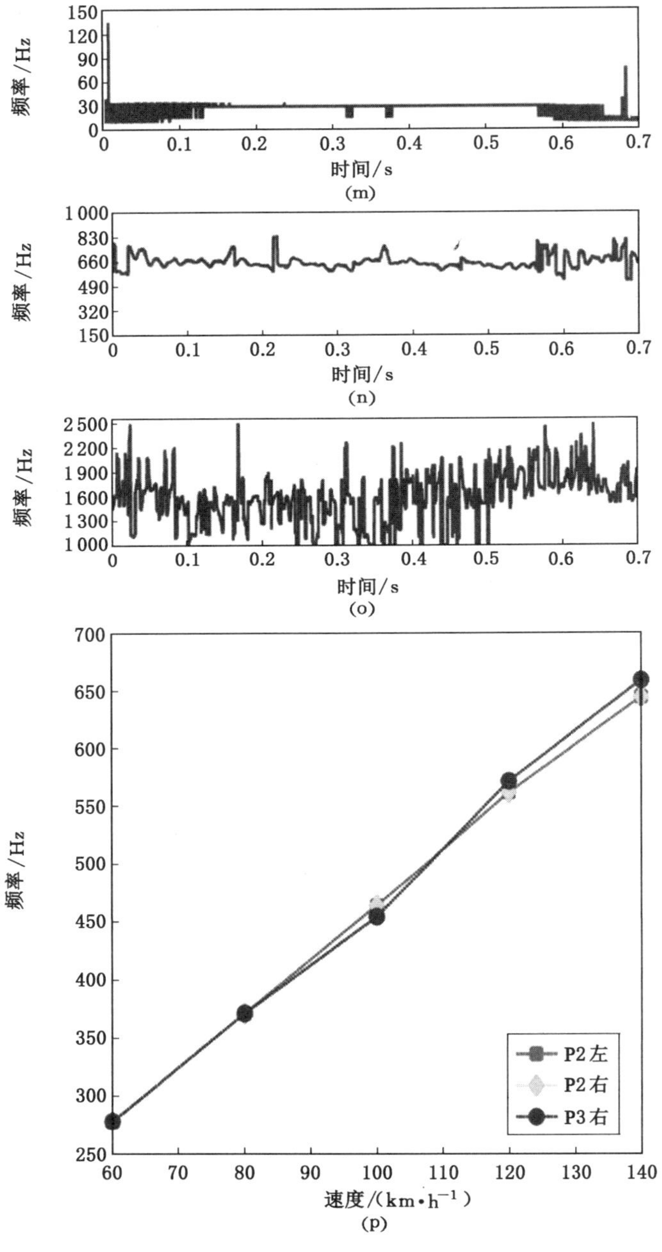

图 7-24（续）

(m) 140 km/h 低频区；(n) 140 km/h 中频区；(o) 140 km/h 高频区；(p) 频率-速度函数曲线

7.7 钢轨扣件松紧状态识别

钢轨扣件的松紧状态每年都会发生改变。轨温的高低变化会在钢轨内部产生应力，如果不进行释放，会造成胀轨甚至断轨等情况。为此，铁路维护人员要定期调整扣件松紧，以释放钢轨内部应力，这使得能够远程自动识别扣件松紧状态非常重要。

改变钢轨状态能够危及行车安全，人为改变服役状态下钢轨扣件是不允许的。因此，我们在大连理工大学无砟轨道实验段用锤击实验来研究扣件松紧状态下的钢轨振动特征，如图 7-25 所示。令加载机以 0.1 Hz 频率锤击钢轨锤击点。加速度传感器放置在轨枕间中跨处钢轨顶部（测量点 1 和测量点 2），以获取钢轨垂向振动数据。当扣件扭矩为 0 N·m 和 120 N·m 时，扣件分别处于松和紧状态。实验时，测试扣件分别处于松和紧两种状态，其他扣件一直处于紧状态。在垂向脉冲冲击力作用下，测试扣件处于松紧状态时的两个测量点处钢轨垂向加速度信号如图 7-26 所示。

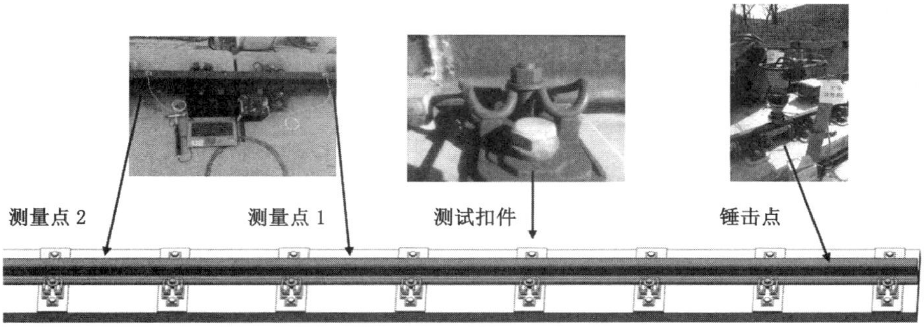

图 7-25　钢轨扣件状态识别实验

在测量点 1 位置处，轨道振动加速度信号通过连续小波变换获取时频能量谱，如图 7-27 所示。在图 7-27 (e) 中，在 150～320 Hz 有一个能量带，而在图 7-27(b) 中没有这种能量带。图 7-27(e) 中的振动持续时间比图 7-27(b) 中的振动持续时间更长。图 7-27(d)、图 7-27(e)、图 7-27(f) 中的振动能量也比相应的图 7-27(a)、图 7-27(b)、图 7-27(c) 中的振动能量少。可见，从能量和频率的分布均能够识别出扣件的松紧状态。

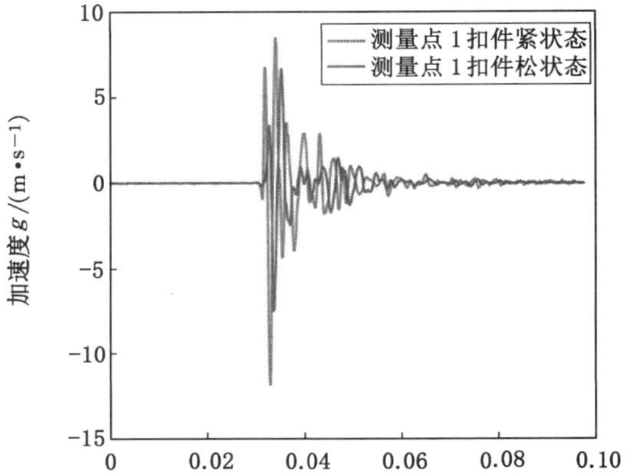

(a)

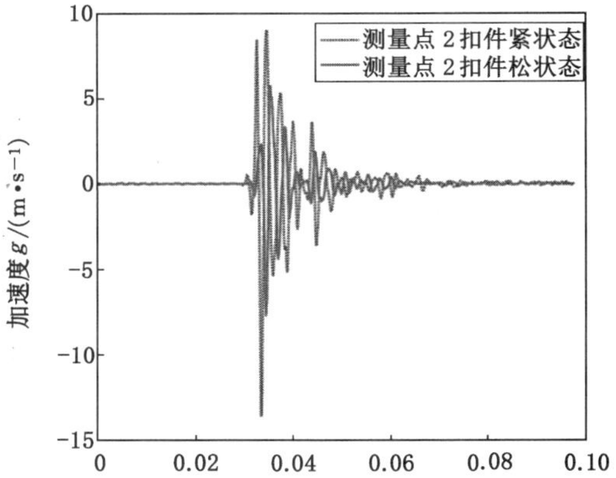

(b)

图 7-26 测试扣件松和紧状态时钢轨冲击振动加速度响应

(a) 测量点 1;(b) 测量点 2

在测量点 2 位置处,钢轨振动加速度信号通过连续小波变换获取时频能量谱,如图 7-28 所示。图 7-28(d)、图 7-28(e)、图 7-28(f)中的振动能量比相应的图 7-28(a)、图 7-28(b)、图 7-28(c)中的振动能量少。由于测量点 2 距离测试扣件有 3 个扣件间隔,且这 3 个扣件处于扣紧状态,传递的钢轨振动能量有限,限制了更多区别信息的表达。但是,两幅图在频率分布、能量分布等方面还是有明显不同。

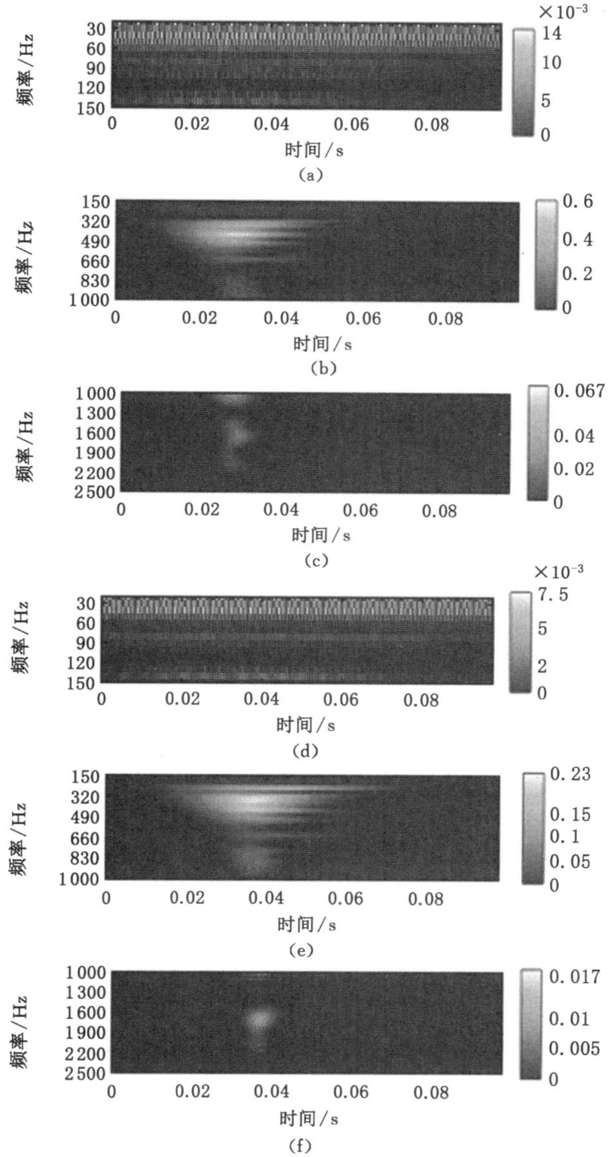

图 7-27 在测量点 1 位置，测试扣件两种状态钢轨振动时频能量谱

(a) 紧状态低频区；(b) 紧状态中频区；(c) 紧状态高频区；

(d) 松状态低频区；(e) 松状态中频区；(f) 松状态高频区

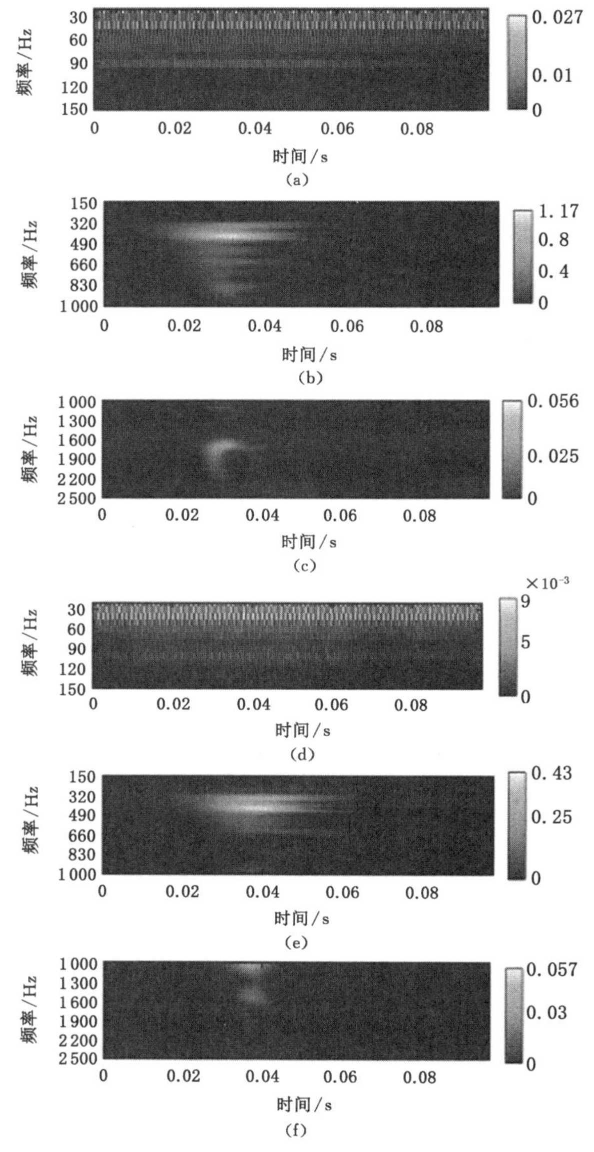

图 7-28　在测试点 2 位置，扣件两种状态钢轨振动时频能量谱

(a) 紧状态低频区；(b) 紧状态中频区；(c) 紧状态高频区；

(d) 松状态低频区；(e) 松状态中频区；(f) 松状态高频区

7.8 本章小结

利用课题组搭建的钢轨安全监测无线传感网平台(含26个单元盒、13个网关),设计了实验方案。当载重列车恒速行驶过测试区时,获取钢轨振动加速度数据。本章主要工作如下:

(1)提出并验证了贝叶斯小波包方法能够保留降噪数据的局部性特征,且能够依据小波分解系数的特征降噪数据,摆脱了需要人为设定阈值的限制。当车速是100 km/h时,获取钢轨振动数据,利用硬阈值小波包法、软阈值小波包法和贝叶斯小波包方法降噪,对各种方法降噪效果进行比较,结果表明贝叶斯小波包方法能够满足降噪要求。

(2)利用小波能谱法揭示了道床结构与激励对钢轨响应频率和能量分布的影响规律,为钢轨受力状态监测方案的制定提供了依据。结果表明,中频区域振动能量在钢轨振动能量中占主要成分,远大于低频区域、高频区域振动能量值;通过比较振动瞬时频率,发现直道区间段的瞬时频率相似,与弯道区间瞬时频率不同;发现中频区域有一个平移瞬时频率,它与列车行驶速度呈线性关系;通过在钢轨上布设加速度传感器,可以同时监测轨道和车轮的安全状态;研究并识别了扣件松紧状态下的钢轨振动特征。

参 考 文 献

[1] 翟婉明.车辆-轨道耦合动力学[M].北京:科学出版社,1997.

[2] NIELSEN J O,EKBERG A,LUNDÉN R.Influence of short-pitch wheel/rail corrugation on rolling contact fatigue of railway wheels[J].Proceedings of the institution of mechanical engineers,part F:Journal of rail and rapid ransit,2005,219(3):177-187.

[3] 高亮.高速铁路无缝线路关键技术研究与应用[M].北京:中国铁道出版社,2012.

[4] 邹定强,杨其全,邢丽贤,等.钢轨轨头表面接触疲劳裂纹伤损类型及预防对策[C]//2007年中国铁路用钢技术研讨会论文集.北京:2007:90-93.

[5] AEA Technology Rail.Findings from the investigation of SFT measurement technigues[R].London:AEA Technology Rail,2006.

[6] MONTALBÁN L,ZAMORANO C,PALENZUELAC,et al.Finite element modelling of cracked railway pre-stressed concrete sleepers[J].European journal of environmental and civil engineering,2015,19(1):81-93.

[7] Rail Safety and Standars Board. Management of stressed continuously welded tack-rail stress free temperature measurement technigues[R].London:RSSB Research and Development Programme,2008.

[8] PARK Y,KWON S Y,CHO C J,et al.An analysis of electric noise of railway electric inspection car measurement module[J].The transactions of the Korean Institute of Electrical Engineers,2015,64(5):812-816.

[9] 李奕璠,刘建新,王开云,等.测力钢轨轮轨力连续输出算法[J].交通运输工程学报,2011,11(4):36-40.

[10] 牛笑川.基于非线性超声的无缝钢轨温度应力检测方法研究[D].北京:北京交通大学,2021.

[11] 张铭,蒋金洲.无缝线路钢轨纵向力及锁定轨温检测系统(NTS)的试用[J].铁道建筑,2010,50(8):110-114.

[12] 翟胡超.轨道检查车检测资料拓展应用研究[D].成都:西南交通大学,2013.

[13] REZAEI D, TAHERI F. Experimental validation of a novel structural damage detection method based on empirical mode decomposition[J]. Smart materials and structures,2009,18(4):045004.

[14] GENTZEN V,CHOI Y T,PUREKAR A S,et al.Experimental detection and quantitative interrogation of damage in a jointed composite structure [J].Journal of intelligent material systems and structures,2010,21(3): 275-283.

[15] BAPTISTA F G,FILHO J V,INMAN D J.Influence of excitation signal on impedance-based structural health monitoring[J].Journal of intelligent material systems and structures,2010,21:1409-1416.

[16] YI T H, LI H N. Methodology developments in sensor placement for health monitoring of civil infrastructures [J]. International journal of distributed sensor networks,2012,8(8):612726.

[17] YI T H,LI H N,GU M.Optimal sensor placement for health monitoring of high-rise structure based on genetic algorithm [J]. Mathematical problems in engineering,2011:395101.

[18] YI T H,LI H N,ZHANG X D.A modified monkey algorithm for optimal sensor placement in structural health monitoring[J].Smart materials and structures,2012,21(10):52-53.

[19] MAGALHÃES F,CUNHA A,CAETANO E.Vibration based structural health monitoring of an arch bridge: from automated OMA to damage detection[J].Mechanical systems and signal processing,2012,28:212-228.

[20] LIN J W,CHEN C W,CHUNG S H.Modeling and assessment of bridge structure for seismic hazard prevention[J].Natural hazards,2012,61(3): 1115-1126.

[21] CHEN S H,CERDA F,RIZZO P,et al.Semi-supervised multiresolution classification using adaptive graph filtering with application to indirect bridge structural health monitoring [J]. IEEE transactions on signal processing,2014,62(11):2879-2893.

[22] HU X Y,WANG B W,JI H.A wireless sensor network-based structural health monitoring system for highway bridges[J].Computer-aided civil and infrastructure engineering,2013,28(3):193-209.

[23] SHAFIULLAH G M,AZAD S A,ALI A B M S.Energy-efficient wireless MAC protocols for railway monitoring applications[J].IEEE transactions

on intelligent transportation systems,2013,14(2):649-659.

[24] PYLKKÄNEN K,LUOMALA H,GUTHRIE W S,et al.Real-time in situ monitoring of frost depth, seasonal frost heave, and moisture in railway track structures[C]//Cold Regions Engineering 2012. August 19-22, 2012,Quebec City,Canada.Reston,VA,USA:American Society of Civil Engineers,2012:446-455.

[25] KERKEZ B,GLASER S D,BALES R C,et al.Design and performance of a wireless sensor network for catchment-scale snow and soil moisture measurements[J].Water resources research,2012,48(9):W09515.

[26] 王立鼎,岳国栋,徐征,等.面向高铁钢轨应力广域监测的无线传感网系统架构及性能测试[J].吉林大学学报(工学版),2015,45(6):1974-1979.

[27] GUO D Y,ZHENG X,LI D W,et al.Analytical modeling and performance optimization of a proactor-based server for wireless sensor network[J]. Sensors and transducers,2014,173(6):189-196.

[28] 岳国栋.基于 WSN 的铁路钢轨振动监测及特征识别研究[D].大连:大连理工大学,2016.

[29] GAMMAITONI L,HÄNGGI P,JUNG P,et al.Stochastic resonance[J]. Reviews of modern physics,1998,70(1):223.

[30] MCNAMARA B,WIESENFELD K.Theory of stochastic resonance[J]. Physical review A,general physics,1989,39(9):4854-4869.

[31] EVSTIGNEEV M,REIMANN P,PANKOV V,et al.Stochastic resonance in monostable overdamped systems[J].Europhysics letters (EPL),2004, 65(1):7-12.

[32] CALISTO H,CLERC M G.A new perspective on stochastic resonance in monostable systems[J].New journal of physics,2010,12:113027.

[33] HEINSALU E,PATRIARCA M,MARCHESONI F.Stochastic resonance in bistable confining potentials[J]. The European physical journal B, 2009,69(1):19-22.

[34] JHA R K,CHOUHAN R.Dynamic stochastic resonance-based grayscale logo extraction in hybrid SVD-DCT domain[J].Journal of the Franklin Institute,2014,351(5):2938-2965.

[35] 袁静,何正嘉,訾艳阳.基于提升多小波的机电设备复合故障分离和提取[J].机械工程学报,2010,46(1):79-85.

[36] 雷亚国.基于改进 Hilbert-Huang 变换的机械故障诊断[J].机械工程学报,

2011,47(5):71-77.

[37] 成玮,张周锁,何正嘉,等.基于独立分量分析的潜艇振源贡献量定量计算方法[J].机械工程学报,2010,46(7):82-87.

[38] 陈保家,何正嘉,陈雪峰,等.机车故障诊断的局域均值分解解调方法[J].西安交通大学学报,2010,44(5):40-44.

[39] SENDUR L,SELESNICK I W.Bivariate shrinkage functions for wavelet-based denoising exploiting interscale dependency[J].IEEE transactions on signal processing,2002,50(11):2744-2756.

[40] GLEICH D,DATCU M.Gauss-Markov model for wavelet-based SAR image despeckling[J]. IEEE signal processing letters, 2006, 13(6): 365-368.

[41] LUETTGEN M R, KARL W C, WILLSKY A S, et al. Multiscale representations of Markov random fields[J].IEEE transactions on signal processing,1993,41(12):3377-3396.

[42] BASSEVILLE M,BENVENISTE A,CHOU K C,et al.Modeling and estimation of multiresolution stochastic processes[J].IEEE transactions on information theory,1992,38(2):766-784.

[43] CROUSE M S,NOWAK R D,BARANIUK R G.Wavelet-based statistical signal processing using hidden Markov models[J].IEEE transactions on signal processing,1998,46(4):886-902.

[44] LEPORINI D,PESQUET J C.Bayesian wavelet denoising:Besov priors and non-Gaussian noises[J].Signal processing,2001,81(1):55-67.

[45] HASHEMI M,BEHESHTI S.Adaptive Bayesian denoising for general Gaussian distributed signals[J].IEEE transactions on signal processing,2014,62(5):1147-1156.

[46] JIANG X M,MAHADEVAN S,ADELI H.Bayesian wavelet packet denoising for structural system identification[J].Structural control and health monitoring,2007,14(2):333-356.

[47] FIGUEIREDO M A T,NOWAK R D.Bayesian wavelet-based signal estimation using non-informative priors[C]//Proceedings of the 32nd Asilomar Conference on Signals,Systems and Computers.November 1-4,1998,Pacific Grove,CA,USA.[S.l.]:IEEE,1998:1368-1373.

[48] ZHUANG P X,HUANG Y,ZENG D L,et al.Mixed noise removal based on a novel non-parametric Bayesian sparse outlier model[J].Neurocom-

puting,2016,174:858-865.
[49] PERCIVAL D B,WALDEN A T.Orthonormal transforms of time series [M]//Wavelet methods for time series.Cambridge:Cambridge University Press,2013:41-55.
[50] JIANG X M,ADELI H.Wavelet packet-autocorrelation function method for traffic flow pattern analysis [J]. Computer-aided civil and infrastructure engineering,2004,19(5):324-337.
[51] SANG Y F,WANG D,WU J C.Entropy-based method of choosing the decomposition level in wavelet threshold de-noising[J].Entropy,2010,12(6):1499-1513.
[52] MOVCHAN R,SHEN Z W.Adaptive thresholding hosvd algorithm with iterative regularization for image denoising[C]//2017 IEEE International Conference on Image Processing (ICIP).September 17-20,2017,Beijing,China.[S.l.]:IEEE,2017:2991-2995.
[53] KUMAR S,PANIGRAHY D,SAHU P K.Denoising of electrocardiogram (ECG) signal by using empirical mode decomposition (EMD) with non-local mean (NLM) technique[J].Biocybernetics and biomedical engineering,2018,38(2):297-312.
[54] LI Z X,JIANG Y,WANG X P,et al.Multi-mode separation and nonlinear feature extraction of hybrid gear failures in coal cutters using adaptive nonstationary vibration analysis[J].Nonlinear dynamics,2016,84(1):295-310.
[55] LEI Y G,QIAO Z J,XU X F,et al.An underdamped stochastic resonance method with stable-state matching for incipient fault diagnosis of rolling element bearings[J].Mechanical systems and signal processing,2017,94:148-164.
[56] LI S,YANG D H,TANG G G,et al.Atomic norm minimization for modal analysis from random and compressed samples[J].IEEE transactions on signal processing,2018,66(7):1817-1831.
[57] YUE G D,CUI X S,ZOU Y Y,et al.A Bayesian wavelet packet denoising criterion for mechanical signal with non-Gaussian characteristic[J].Measurement,2019,138:702-712.
[58] ZHU X,DI SCALEA F L,FATEH M.Thermal stress measurement in continuous welded rails using the hole-drilling method[C]//Proceedings

of the 2016 Joint Rail Conference, April 12-15, 2016, Columbia, USA: [s.n.],2016:1-10.

[59] SNONE S.Computers in Railways VⅢ [M].Southampton:WIT press,2002.

[60] SANTA-AHO S,SORSA A,NURMIKOLU A,et al.Review of railway track applications of Barkhausen noise and other magnetic testing methods[J].Insight:non-destructive testing and condition monitoring, 2014,56(12):657-663.

[61] SASAKI T,TAKAHASHI S,KANEMATSU Y,et al.Measurement of residual stresses in rails by neutron diffraction[J].Wear,2008,265(9/10):1402-1407.

[62] WANG L,ZHENG Z,PHUKAN H,et al.Direct measurement of critical resolved shear stress of prismatic and basal slip in polycrystalline Ti using high energy X-ray diffraction microscopy[J].Acta materialia,2017,132: 598-610.

[63] HIRAO M,OGI H,FUKUOKA H.Advanced ultrasonic method for measuring rail axial stresses with electromagnetic acoustic transducer[J]. Research in nondestructive evaluation,1994,5(3):211-223.

[64] NUCERA C,DI SCALEA F L.Nondestructive measurement of neutral temperature in continuous welded rails by nonlinear ultrasonic guided waves[J].The journal of the Acoustical Society of America,2014,136(5): 2561-2574.

[65] 王彪,谢铠泽,肖杰灵,等.应用电阻应变计的无缝线路纵向力测试原理及方案[J].西南交通大学学报,2016,51(1):43-49.

[66] YOON H J,SONG K Y,KIM J S,et al.Longitudinal strain monitoring of rail using a distributed fiber sensor based on Brillouin optical correlation domain analysis[J].NDT & E international,2011,44(7):637-644.

[67] TOWPIK K.Variability of stress and longitudinal force distributed in continuous welded rail tracks[J].Archives of civil engineering,2006, 52(4):701-709.

[68] 罗雁云,朱剑月,冯奇.不同温度力下无缝线路钢轨振动特性分析[J].力学季刊,2006,27(2):279-285.

[69] LUO Y,LI L,YIN H.A dynamic analysis of a continuous welded rail track under a longitudinal stress caused by temperature changes[J]. Proceedings of the institution of mechanical engineers,Part F:journal of rail and rapid transit,2010,224(2):91-101.

[70] URAKAWA F,ABE K,TAKAHASHI H.Improvement of accuracy of method for measuring axial force of rail based on natural frequency[J]. Quarterly report of Railnay Technical Research Institute,2016,57(2): 125-132.

[71] 吴丹.无缝线路受温度力作用下的振动特性影响研究[D].上海:同济大学,2007.

[72] MOSAVI A,BENKREIF R,VARKONYI-KOCZY A R.Comparison of Eulerbernoulli and Timoshenko beam equations for railway system dynamics [C]//International Conference on Global Research and Education.[S.l.]:Springer,Cham,2017:32-40.

[73] SHENG X,LI M H.Propagation constants of railway tracks as a periodic structure[J].Journal of sound and vibration,2007,299(4/5):1114-1123.

[74] LUO Y. A model for predicting the effect of temperature force of continuous welded rail track[J].Proceedings of the institution of mechanical engineers, Part F: journal of rail and rapid transit, 1999, 213(2): 117-124.

[75] 金寿延,朱剑月,罗雁云,等.无缝线路轨道的温度力与振动特性关系的研究[J].机械强度,2002,24(1):144-147.

[76] YI Q,ZHAO C Y,WANG P,et al.Estimation of rail axial force in high-speed railway ballastless track based on wave modes[J]. Mathematical problems in engineering,2019:4329830.

[77] 冯青松,汪玮,刘庆杰,等.轴向温度力影响下周期离散支承钢轨竖向振动特性分析[J].铁道学报,2018,40(8):122-129.

[78] AIKAWA A,SAKAI H,ABE K.Numerical and experimental study on measuring method of rail axial stress of continuous welded rails based on use of resonant frequency[J]. Quarterly report of RTRI, 2013, 54(2): 118-125.

[79] YUE G D,WANG Y H,REN B,et al.A dynamic model for measuring axial force in discretely supported rails [J]. Mechanics of advanced materials and structures, 2022: 1-8 [2022-07-21]. https://www.tandfonline.com/doi/full/10.1080/15376494.2022.2056275.DOI:10.1080/15376494.2022.2056275.

[80] 岳国栋,任博.一种利用钢轨振动特性获取温度力的方法:110926676B[P]. 2021-03-02.

[81] NASEDKINA A A, ALEXIEV A, MALACHOWSKI J. Numerical simulation of ultrasonic torsional guided wave propagation for pipes with defects[C]//Advanced materials.Springer proceedings in physics,[S.l.]: Springer international publishing,2016:475-488.

[82] SHEN Y F, CESNIK C E S. Modeling of nonlinear interactions between guided waves and fatigue cracks using local interaction simulation approach[J].Ultrasonics,2017,74:106-123.

[83] YAO W Q,SHENG F W,WEI X Y,et al.Propagation characteristics of ultrasonic guided waves in continuously welded rail[J].Modern physics letters B,2017,31(19/20/21):1740075.

[84] EVANS M,LUCAS A,INGRAM I.The inspection of level crossing rails using guided waves[J].Construction and building materials,2018,179: 614-618.

[85] ROSE J L, AVIOLI M J, MUDGE P, et al. Guided wave inspection potential of defects in rail[J]. NDT & E international, 2004, 37(2): 153-161.

[86] WILCOX P,EVANS M,ALLEYNE D,et al.Long range inspection of rail using guided waves[C]//Proceedings of the International Conference Railway Engineering, July, 2002, London, UK. Edinburgh, United Kingdom:Engineering technics press,2003,657(1):236-243.

[87] 朱力强,许西宁,余祖俊,等.基于超声导波的钢轨完整性检测方法研究[J].仪器仪表学报,2016,37(7):1603-1609.

[88] BARTOLI I, PHILLIPS R, COCCIA S, et al. Stress dependence of ultrasonic guided waves in rails[J]. Transportation research record: journal of the transportation research board,2010,2159(1):91-97.

[89] 王嵘,余祖俊,朱力强,等.基于导波速度的无缝钢轨应力检测方法[J].中国铁道科学,2018,39(2):18-27.

[90] FAN Y, DIXON S, EDWARDS R S, et al. Ultrasonic surface wave propagation and interaction with surface defects on rail track head[J]. NDT & E international,2007,40(6):471-477.

[91] 许西宁,叶阳升,江成,等.钢轨应力检测中超声导波模态选取方法研究[J].仪器仪表学报,2014,35(11):2473-2483.

[92] LOVEDAY P W,LONG C S,RAMATLO D A.Mode repulsion of ultrasonic guided waves in rails[J].Ultrasonics,2018,84:341-349.

[93] 卢超，盛华吉，宋凯，等.钢轨轨底斜裂纹的超声导波散射特性[J].无损检测，2016，38(5)：18-22.

[94] 王悦民，邓文力，耿海泉，等.超声导波激励频率选取对其模式控制的影响[J].机械工程学报，2017，53(24)：104-109.

[95] 伍文君，章林柯，王悦民.基于导波频散特征的超声导波模态识别方法[J].机械工程学报，2017，53(18)：10-17.

[96] 张小伟，唐志峰，吕福在，等.基于半解析有限元法的多层管超声导波数值模拟与试验研究[J].机械工程学报，2014，50(8)：10-16.

[97] 王珅，黄松岭，赵伟.平板和管道周向 Lamb 波频散和波结构特性[J].清华大学学报(自然科学版)，2009，49(7)：925-928.

[98] 王鑫，张金，沈洋，等.圆管超声导波频散与多模态特性[J].应用声学，2018，37(3)：338-344.

[99] ROGERS W P.Elastic property measurement using Rayleigh-Lamb waves [J].Research in nondestructive evaluation，1995，6(4)：185-208.

[100] 何存富，刘青青，焦敬品，等.基于振动模态分析的钢轨中超声导波传播特性数值计算方法[J].振动与冲击，2014，33(3)：9-13.

[101] 卢超，杨雪娟，戴翔，等.钢轨中导波传播模式的半解析有限元分析与试验测量[J].机械工程学报，2015，51(6)：79-86.

[102] 门平，董世运，卢超，等.钢轨踏面低频超声表面波传播模式研究[J].仪器仪表学报，2018，39(3)：13-20.

[103] YUE G D，CUI X S，ZHAN G K，et al.Guided wave propagation for monitoring the rail base [J]. Mathematical problems in engineering，2020：1-11.

[104] HERTZ H.On the contact of elastic solids [J].Journal für die reine und angewandte mathematik，1882，92(1)： 156.

[105] CARTER F W.On the action of a locomotive driving wheel[J].Proceedings of the royal society of London，Series A，1926，112(760)：151-157.

[106] KALKER J J.The rolling contact problem[M]//Three-dimensional elastic bodies in rolling contact.Dordrecht：Springer netherlands，1990：1-45.

[107] SHEN Z Y，LI Z L.A fast non-steady state creep force model based on the simplified theory[J].Wear，1996，191(1/2)：242-244.

[108] JENKINS H H，STEPHENSONJ E，CLAYTONGA，et al.The effect of track and vehicle parameters on wheel/rail vertical dynamic forces [J]. Journal of railway engineering society，1974，3(1)：2-16.

[109] NEWTON S G,CLARK R A.An investigation into the dynamic effects on the track of wheelflats on railway vehicles[J].Journal of mechanical engineering science,1979,21(4):287-297.

[110] CLARK R A,DEAN P A,ELKINS J A,et al.An investigation into the dynamic effects of railway vehicles running on corrugated rails[J]. Journal of mechanical engineering science,1982,24(2):65-76.

[111] 朱剑月,练松良.基于轨道元的运动有限元分析[J].铁道学报,2009,31(3):65-68.

[112] NIELSEN J C O. High-frequency vertical wheel-rail contact forces: validation of a prediction model by field testing[J]. Wear,2008,265(9/10):1465-1471.

[113] PIERINGER A,KROPP W,NIELSENJ C O.A time domain model for wheel/rail interaction aiming to include non-linear contact stiffness and tangential friction [M]//Notes on numerical fluid mechanics and multidisciplinary design.Berlin,Heidelberg:Springer,2008:285-291.

[114] LUNDBERG O E,NORDBORG A,LOPEZ ARTEAGA I.The influence of surface roughness on the contact stiffness and the contact filter effect in nonlinear wheel-trackinteraction[J].Journal of sound and vibration,2016,366:429-446.

[115] JIANG S,MEEHAN P A,THOMPSON D J,et al.Railway rolling noise prediction:field validation and sensitivity analysis[J].International journal of rail transportation,2013,1(1/2):109-127.

[116] PIERINGER A, KROPP W, THOMPSON D J. Investigation of the dynamic contact filter effect in vertical wheel/rail interaction using a 2D and a 3D non-Hertzian contact model[J].Wear,2011,271(1/2):328-338.

[117] REMINGTON P J.Wheel/rail noise-Part IV:rolling noise[J].Journal of sound and vibration,1976,46(3):419-436.

[118] REMINGTON P J,WEBB J.Estimation of wheel/rail interaction forces in the contact area due to roughness[J].Journal of sound and vibration,1996,193(1):83-102.

[119] THOMPSON D J,REMINGTON P J.The effects of transverse profile on the excitation of wheel/rail noise[J].Journal of sound and vibration,2000,231(3):537-548.

[120] THOMPSON D J.The influence of the contact zone on the excitation of

wheel/rail noise[J]. Journal of sound and vibration, 2003, 267(3): 523-535.

[121] PIERINGER A,KROPP W,NIELSEN J C O.The influence of contact modelling on simulated wheel/rail interaction due to wheel flats[J]. Wear,2014,314(1/2):273-281.

[122] YANG J N,THOMPSON D J.Time-domain prediction of impact noise from wheel Flats based on measured profiles[J].Journal of sound and vibration,2014,333(17):3981-3995.

[123] VILA P,BAEZA L,MARTÍNEZ-CASAS J,et al.Rail corrugation growth accounting for the flexibility and rotation of the wheel set and the non-Hertzian and non-steady-state effects at contact patch[J]. Vehicle system dynamics, 2014,52(supl):92-108.

[124] ANDERSSON R, TORSTENSSON P T, KABO E, et al. An efficient approach to the analysis of rail surface irregularities accounting for dynamic train-track interaction and inelastic deformations[J]. Vehicle system dynamics,2015,53(11):1667-1685.

[125] BRACCIALI A,CASCINI G.Detection of corrugation and wheelflats of railway wheels using energy and cepstrum analysis of rail acceleration [J].Proceedings of the Institution of Mechanical Engineers,part F:Journal of rail and rapid transit,1997,211(2):109-116.

[126] LIANG B,IWNICKI S D,ZHAO Y,et al.Railway wheel-flat and rail surface defect modelling and analysis by time-frequency techniques[J]. Vehicle system dynamics,2013,51(9):1403-1421.

[127] BELOTTI V,CRENNA F,MICHELINI R C,et al.Wheel-flat diagnostic tool via wavelet transform [J]. Mechanical systems and signal processing,2006,20(8):1953-1966.

[128] REMENNIKOV A M,KAEWUNRUEN S.A review of loading conditions for railway track structures due to train and track vertical interaction [J]. Structural control and health monitoring,2008,15(2):207-234.

[129] YUE G D,XU Z,WANG L D,et al.Vibration analysis for slab track at different train speeds using Bayes wavelet denoising[J].Proceedings of the institution of mechanical engineers,Part F:journal of rail and rapid transit,2016:1-10.

[130] YUE G D,XU Z,WANG L D,et al.WSN-based vibration characteristic

research for various railway track structures for pattern classification [J]. International journal of pattern recognition and artificial intelligence,2016,30(10):1650020.

[131] RESNIKOFF H L,RAYMOND J R O. Wavelet analysis: the scalable structure of information[M]. New York: Springer,2002.

[132] FAN W,QIAO P Z. Vibration-based damage identification methods: a review and comparative study[J]. Structural health monitoring,2011,10(1):83-111.

[133] SONE A,YAMAMOTO S,MASUDA A,et al. Estimation of cumulative damage of building with hysteretic restoring force by using wavelet analysis of strong response records [J]. Journal of structural and construction engineering (transactions of AIJ),1995,60(476):67-74.

[134] KIJEWSKI T,KAREEM A. Wavelet transforms for system identification in civil engineering[J]. Computer-aided civil and infrastructure engineering,2003,18(5):339-355.

[135] BASU B. Identification of stiffness degradation in structures using wavelet analysis[J]. Construction and building materials,2005,19(9):713-721.

[136] CHEN B,CHEN Z W,WANG G J,et al. Damage detection on sudden stiffness reduction based on discrete wavelet transform[J]. The scientific world journal,2014:807620.

[137] MAKKI ALAMDARI M,LI J,SAMALI B. Damage identification using 2-D discrete wavelet transform on extended operational mode shapes[J]. Archives of civil and mechanical engineering,2015,15(3):698-710.

[138] KATUNIN A,HOLEWIK F. Crack identification in composite elements with non-linear geometry using spatial wavelet transform[J]. Archives of civil and mechanical engineering,2013,13(3):287-296.

[139] YOUNG NOH H,KRISHNAN NAIR K,LIGNOS D G,et al. Use of wavelet-based damage-sensitive features for structural damage diagnosis using strong motion data[J]. Journal of structural engineering,2011,137(10):1215-1228.

[140] ADELI H,JIANG X M. Dynamic fuzzy wavelet neural network model for structural system identification[J]. Journal of structural engineering,2006,132(1):102-111.

[141] CAPELLA J V,BONASTRE A,ORS R,et al.A aireless sensor network approach for distributed in-line chemical analysis of water[J].Talanta,2010,80(5):1789-1798.

[142] ALAM F M, MOHAN S, FOWLER J W, et al. A discrete event simulation tool for performance management of web-based application systems[J].Journal of simulation,2012,6(1):21-32.

[143] KHAZAEI H, MISIC J, MISIC V B. Performance analysis of cloud computing centers using M/G/m/m r queuing systems [J]. IEEE transactions on parallel and distributed systems,2012,23(5):936-943.

[144] DORAN D, LIPSKY L, THOMPSON S. Cost-based optimization of buffer size in M/G/1/N systems under different service-time distributions [C]//2010 Ninth IEEE International Symposium on Network Computing and Applications. July 15-17, 2010, Cambridge, MA,USA.[S.l.]:IEEE,2010:28-35.

[145] LEE Y C,WANG C,ZOMAYA A Y,et al.Profit-driven scheduling for cloud services with data access awareness[J].Journal of parallel and distributed computing,2012,72(4):591-602.

[146] GHOSH A P,WEERASINGHE A P.Optimal buffer size and dynamic rate control for a queueing system with impatient customers in heavy traffic[J].Stochastic processes and their applications, 2010, 120(11):2103-2141.

[147] CAO J, ANDERSSON M, NYBERG C, et al. Web server performance modeling using an M/G/1/K * PS queue [C]//10th International Conference on Telecommunications,2003.ICT 2003.February 23-March 1,2003,Papeete,France.[S.l.]:IEEE,2003:1501-1506.

[148] DAUBECHIES I,HEIL C.Ten lectures on wavelets[M].[S.l.:s.n.],1992.

[149] HYVARINEN A.Sparse code shrinkage:denoising of nongaussian data by maximum likelihood estimation[J].Neural computation,1999,11(7):1739-1768.

[150] 张辉,宋雅男,王耀南,等.钢轨缺陷无损检测与评估技术综述[J].仪器仪表学报,2019,40(2):11-25.

[151] MCNAMARA J D,LANZADI SCALEA F,FATEH M.Automatic defect classification in long-range ultrasonic rail inspection using a support vector machine-based smart system[J].Insight:non-destructive testing

and condition monitoring,2004,46(6):331-337.
[152] 沈斐扬.钢轨超声导波动态检测关键技术研究[D].杭州:浙江大学,2018.
[153] 何存富,郑明方,吕炎,等.超声导波检测技术的发展、应用与挑战[J].仪器仪表学报,2016,37(8):1713-1735.
[154] ABDELRAHMAN M I,GRALAK B.Modal analysis of wave propagation in dispersive media[J].Physical review A,2018,97:013824.
[155] SENGUPTA S, JACKSON D R, LONG S A. Modal analysis and propagation characteristics of leaky waves on a 2-D periodic leaky-wave antenna[J]. IEEE transactions on microwave theory and techniques, 2018,66(3):1181-1191.
[156] CAPUANO G,RUZZENE M,RIMOLI J J.Modal-based finite elements for efficient wave propagation analysis[J].Finite elements in analysis and design,2018,145:10-19.
[157] SU Z Q,YE L,LU Y.Guided Lamb waves for identification of damage in composite structures:a review[J].Journal of sound and vibration,2006, 295(3/4/5):753-780.
[158] MITRA M, GOPALAKRISHNAN S. Guided wave based structural health monitoring: a review[J]. Smart materials and structures, 2016, 25(5):053001.
[159] NOEL A B, ABDAOUI A, ELFOULY T, et al. Structural health monitoring using wireless sensor networks: a comprehensive survey[J]. IEEE communications surveys & tutorials,2017,19(3):1403-1423.
[160] RAMATLO D A, WILKE D N, LOVEDAY P W. Development of an optimal piezoelectric transducer to excite guided waves in a rail web[J]. NDT & E international,2018,95:72-81.
[161] 崔修实.PZT 超声导波在钢轨中传播特性研究[D].沈阳:沈阳建筑大学,2020.
[162] KIJEWSKI-CORREA T, KAREEM A. Efficacy of Hilbert and wavelet transforms for time-frequency analysis [J]. Journal of engineering mechanics,2006,132(10):1037-1049.
[163] DELPRAT N,ESCUDIE B,GUILLEMAIN P,et al.Asymptotic wavelet and Gabor analysis: extraction of instantaneous frequencies[J]. IEEE transactions on information theory,1992,38(2):644-664.
[164] 中国铁路总公司.铁路技术管理规程[M].北京:中国铁道出版社,2014.

[165] THOMPSON D. Railway noise and vibration: mechanisms, modelling and means of control[M].[S.l.]:Elsevier,2009.

[166] NIELSENJC O, LUNDÉNR, JOHANSSONA, et al. Train-track interaction and mechanisms of irregular wear on wheel and rail surfaces[J]. Vehicle system dynamics,2003,40(1/2/3):3-54.

[167] TRIEPAISCHAJONSAK N. The influence of various excitation mechanisms on ground vibration from trains [D].Southampton: University of Southampton,2012.